Die dritte Belagerung Bonns 1703

Ein Lesebuch

von Norbert Flörken

Bibliografische Information der Deutschen Nationalbibliothek:

Die Deutsche Nationalbibliothek verzeichnet diese Publikation in der Deutschen Nationalbibliografie; detaillierte bibliografische Daten sind im Internet über http://dnb.dnb.de abrufbar.

© 2017 Norbert Flörken
Herstellung und Verlag:
BoD – Books on Demand, Norderstedt
ISBN: 9783744881739

Inhalt

Einleitung

Innerhalb von 30 Jahren ist die Stadt Bonn dreimal belagert und erobert worden: 1673, 1689 und 1703. Jedes Mal war Bonn Spielball der Expansionspolitik des französischen Königs Ludwig XIV., der entweder das linke Rheinufer besetzen oder als Aufmarschgebiet gegen die Holländer benutzen wollte; und jedes Mal musste die französische Besatzung von einer gemischten Armee - teilweise mit ausländischer Beteiligung – verjagt werden. War die Belagerung der Festung Bonn im Jahre 1673 relativ schnell beendet, dauerte die von 1689 monatelang und zerstörte schätzungsweise 80 % der städtischen Bebauung. Die Bestürmung von 1703 erstreckte sich über knapp zwei Wochen; Schäden in der Stadt werden nicht berichtet.

Am 13.02.1701 hatte Kurfürst Joseph Clemens[1], ermuntert/gedrängt[2] von seinem Bruder Kurfürst Max Emanuel von Bayern und seinem Kanzler Karg von Bebenburg, in Brüssel ein Abkommen (siehe Seite 9 ff) mit Frankreich unterzeichnet. Darin verpflichtete er sich, in dem Streit um die Erbfolge in Spanien dem französischen König 4.000 Mann zu Fuß und 1.000 zu Pferde zu stellen, für ein Werbegeld von 110.000 Talern. Weitere 4.000 Mann zu Fuß und 1.000 zu Pferd sollte Joseph Clemens den Landständen des Erzstifts abringen, was aber gründlich misslang. Als dann im November desselben Jahres die „Haager Grosse Allianz" gegen Frankreich zustande kam - zunächst mit Kaiser, England und den Niederlanden, bald darauf auch mit Preussen und zahlreichen anderen Reichsständen – waren Bayern und Kurköln isoliert; einerseits besetzten die Niederlande den Niederrhein, andererseits Frankreich[3] Kurköln: Dort hatten jetzt die Franzosen das Sagen, z.B. in Neuß der Marquis de Grammont, in Kaiserswerth der Brigadier de Labadie und in Rheinberg der Marquis d'Alègre. Die Bonner Festung wurde von den französischen Fachleuten noch einmal repariert und verstärkt. In der Stadt taten sich aber erhebliche Probleme auf: Seuchen grassierten unter den Militärs und forderten zahlreiche Todesopfer[4]; Lebensmittel wurden knapp und teuer.

Am 09.01.1702 forderte Kaiser Leopold in zwei sog. Mandaten (siehe Seite 16 ff) Joseph Clemens vor den Reichshofrat, er verlangte die Räumung des Erzstifts und drohte allen Militärs und Zivilbeamten mit dem Verlust ihrer Ämter, Würden und Besitzungen. Das zeigte Wirkung: fast sämtliche Mitglieder der Regierung setzten sich nach Köln oder Westfalen ab.

---

[1] Das folgende nach (Ennen, 1989, S. 186 ff); zur Person siehe (Braubach, 1925, S. 14 ff).
[2] „auf seinen Wunsch, man kann beinahe sagen auf seinen Befehl": (Braubach, 1925, S. 21).
[3] Aus einem Bericht an den Kurfürsten vom 23.11.01: Die Franzosen sind „nach vorhero abgelegtem iuramento fidelitatis [=Treueid] in dero hiesige Stadt [Kempen] einlogiret" (Braubach, 1925, S. 81)
[4] Im Februar 1702 verzeichneten die 6 kurkölnischen Bataillone 54 Tote und 437 Kranke (Braubach, 1925, S. 92).

Am 07.04.1702 begannen die Kriegshandlungen, am 15.06. mussten die Franzosen Kaiserswerth, danach Neuss und Zons räumen. Am 02.10.1702 rücken französische Truppen unter General Graf Tallard in die Stadt Bonn ein: 16 Bataillone, 25 Eskadrons und 12 Geschütze. Am 12.10.1702 floh Joseph Clemens ins französische Exil nach Lille. Die Bürger von Graurheindorf und Dransdorf, die ja vor der Stadt wohnten, erreichten durch Zahlung von 1.000 Talern bzw. 100 rheinischen Gulden, dass ihre Häuser und Weinstöcke verschont wurden. Am 24.04.1703 war die Stadt endgültig eingeschlossen. Die Belagerer waren Truppen der Generalstaaten der Niederlande, aus Hannover, Hessen, Preussen und Münster. Sie hatten insgesamt 90 halbe und 50 viertel Carthaunen, 50 grosse metallene Mörser und 500 Granatwerfer. Am 16.05.1703 kapitulierte der französische Kommandant Graf d'Alègre. Nach dem Abzug der Franzosen blieb – zum Leidwesen der Bevölkerung - eine holländische Besatzung in der Stadt – bis 1715. In der Folge wird die Festung Bonn geschleift; die Stadt entwickelt sich zu einer Residenzstadt mit einigem Glanz, bevor sie 1794 wiederum französisch wird.

1701 Febr 13 Vertrag König von Frankreich / Kurfürst von Köln; offene Artikel[5]

Supplément | au | Recueil | des principaux | TRAITÉS | d'Alliance, de
Paix, de Trêve, de Neutralité, de Commerce, de Limites, d'Echange etc.
| conclus par les Puissances | de l'Europe [...] | Par George Frederic de
Martens [...] | Tome I. | A Gottingue, 1802. | Chez Henri Dieterich. |

Art. I.

Sa Majesté déclare: qu'elle vent observer ponctuellement la paix avec l'Empire, telle que
les Traités de Westphalie[6], de Nimegue, et de Ryswik l'ont établie, a l'exception de ce qui peut
regarder les dépendances le l'Evêché et Principauté de Liège.

Art. II.

Comme l'Electeur de Cologne prend une entière Confiance aux sincères intentions de Sa
Majesté; il promet, et s'engage de concourir è la diète de l'Empire le toutes les voix qu'il a dans le
Collège Electoral, et dans celui des Princes, au maintien et à l'observation des conditions stipulées
par les Traités de Westphalie, et de Nimegue, et principalement par celui de Ryswik. Tous les
réserves qui regardent les droits de l'Evêché et Principauté de Liège, et de ne jamais permettre,
autant qu'il dépendra de lui, qu'il soit pris de la part des trois Collèges de l'Empire une résolution
unanime tendante à une guerre contre la France directement, ou indirectement.

Art. III.

S[on] A[ltesse] E[lecteur] promet de n'entrer dans aucune liaison ou alliance, que ce
puisse être, capable d'alterer ou d'affoiblir la présente, Sa Majesté s'engageant aussi de ne rien
stipuler, dans les alliances qu'elle pourroit faire, avec quelque autre Prince ou Puissance que ce
soit, directement ou indirectement contraire tant aux prétentions et droits justes et légitimes de
S. A. E. que de ses Etats et Eglises, on leur causer aucun domage.

Art. IV.

Sa dite A. E. ne permettra qu'aucune Prince on Puissance prenne ni quartiers, ni passages,
ni contributions, ou lasse faire de levées dans les Etats de Liège, et de Cologne; et s'opposera de
toutes ses forces à ceux qui foudroient l'entreprendre malgré elle.

Art. V.

---

[5] Fundstelle: (Martens, 1802, S. 97 f).
[6] Der Westfälische Frieden 1648 von **Münster/Osnabrück**, der Frieden von Nimwegen 1678/79, der Frieden von Rijswijk
1697. - Der Friede von **Nimwegen** umfasst mehrere Friedensverträge, die 1678/79 in Nijmegen (Nimwegen) geschlossen
wurden und den Französisch-Niederländischen Krieg sowie damit verbundene Kriege beendeten. - Der Frieden von **Rijswijk**
ist das Vertragswerk aus dem Jahre 1697, durch das der Pfälzische Erbfolgekrieg beendet wurde. Durch den Einfall Ludwigs
XIV. in die Pfalz 1688, begründet mit einem Allodialerbanspruch, brach der Pfälzische Erbfolgekrieg aus. Gegen ihn standen
die Glieder der Augsburger Allianz, eines Bündnisses aus Kaiser Leopold I., den Königen Karl II. von Spanien und Karl XI. von
Schweden, dem Kurfürsten Maximilian II. Emanuel von Bayern und den Mitgliedern des fränkischen und oberrheinischen
Reichskreises.

En ce cas Sa Majesté promet et s'engage d'assister S. A. E. aussitôt qu'elle en sera requise, si quelque Puissance, au préjudice des constitutions de l'Empire, et du contenu au présent Traité, vouloit prendre des quartiers dans les Etats du dit Electeur.

Art. VI.

Si le dit Electeur, en haine de la présente alliance, perdoit quelque place, terre, ou seigneurie, ou souffroît quelques autres dommages dans ses païs de Cologne et de Liège, ou ailleurs; S. M. s'engage à faire réparer cette perte, et à ne point faire de paix avec ceux qui se seroient emparés des dites places, terres, et seigneuries, qu'ils ce les ayent entièrement restituées et dédommagées.

Art. VII.

Le Roi Catholique sera invité d'entrer dans le présent Traité d'alliance; et comme il promettra la garantie des Etats de l'Electeur de Cologne, Sa dite A. E. promettra de sa part de garantir de toutes ses forces les Etats de Sa Majesté Catholique.

Art. VIII.

Cette alliance durera pendant l'espace de dix années: elle pourra être continuée après l'expiration de ce terme, et les ratifications seront échangées trois semaines après la signature, ou plutôt si faire se peut. Et à fin qu'il ne puisse porter préjudice à aucune des parties, il à été encore nommément convenu entr'elles qu'il sera tenu dans le dernier secrèt.

Fait à Bruxelles le 13 Février 1701.

CHASTENET DE PUYSEGUR. *Baron* KARG DE BEBEMBOURG

1701 Febr 13 Vertrag König von Frankreich / Kurfürst von Köln; geheime Artikel[7]

Traité fait aux Noms de Sa Majesté Très Chrétienne et de l'Électeur de Cologne.

Articles secrets.

I.   Si la guerre étoit renouvellé dans l'Europe à l'occasion du testament du feu Roy d'Espagne[8] et de son entière exécution par l'avènement du Roy Philippe V. à cette couronne, l'électeur de Cologne non seulement ne donnera aucun passage, mais au contraire il s'opposera de touttes ses forces à ce que les Ennemis de leurs Majestés prennent aucun desdit passages par ses Etats, pays ou places susdites. Et Son Altesse Electorale s'opposera aux Etats Generaux[9] aussy tôt qu'ils agiront contre ledit testament par voye de fait, soit par mer ou par terre, ou que par leur conduite ils contraindront leurs Majestés à agir contre eux. Et pour lors Sadite Altesse Electorale joindra ses forces pour agir avec celles de leurs Majestés, sans le consentement desquelles Son

---

[7] Fundstelle: (Braubach, 1925, S. 218 ff), nach: Düsseldorfer Staatsarchiv: Kurköln, Reichssachen, 475.
[8] Am 1.11.1700 verstarb der kinderlose König Karl II. von Spanien; sein Tod löste den spanischen Erbfolgekrieg aus.
[9] Die Generalstaaten der Niederlande.

Altesse Electorale ne pourra faire aucune paix avec les Etats Généraux ou autres Princes et Etats qui auroient agi contre ledit testament.

II.   Sinon obstant tous les devoirs que l'électeur de Cologne promet de faire dans toutes les diètes pour empêcher qu'il y soit pris des résolutions contraires à la paix, la pluralité des voix se portoit à déclarer la guerre à la France ou à l'Espagne au sujet du testament, non seulement ce prince ny donnera pas son consentement, mais il empêchera de plus autant que ses forces luy pourront permettre que les trouppes destinées contre leurs Majestés ou tout autre sous quelque prétexte que ce soit ne prennent ny quartiers ny passages dans les pays et Etats dépendant dudit Electeur. Il continuera de plus à faire la guerre conjointement avec leurs Majestés aux Etats Généraux, si elle se trouve déjà commencée.

III.   Si quelque autre puissance de l'Europe déclara la guerre à leurs Majestés au sujet du testament sans que l'Empire y entre par une conclusion générale et unanime de la Diète, l'électeur de Cologne prenant tel prétexte qu'il croira convenable se déclarera contre celuy ou ceux qui s'opposeront à l'exécution dudit testament. Et Son Altesse Electorale ne pourra faire ny paix ny trêve avec les Ennemis de leurs Majestés sans leur consentement.

IV.   Pour l'exécution des conditions stipulées par le présent traitté Son Altesse Electorale s'engage de lever quatre mille hommes de pied et mille chevaux moyennant la somme de cent dix mille écus pour les frais entiers de la levée des dites trouppes, laquelle devra être achevée et ses trouppes en état d'agir, s'il étoit besoin, deux mois ou trois même, s'il est nécessaire, après que l'argent pour la dite levée aura être receû par Sadite Altesse Electorale. Et pour l'entretien et payement desdits quatre mille hommes de pieds et mille chevaux, Sa Majesté s'engage de faire payer le premier de chaque mois à Sadite Altesse Electorale ou à telle personne quelle commettra la somme de vingt cinq mille écus, dont le premier payement commencera du jour de l'échange de la ratification du présent traitté. Et comme une des veües principales de Son Altesse Electorale dans le présent traitté a esté de conserver ses Etats de Cologne et de Liège des ruines, que la guerre entraine après elle, surtout, quand les pays se trouvent situés entre des puissances ennemies, Elle a cru ne pouvoir rien faire de plus avantageux pour leur conservation, que de les mettre sous la protection de leurs Majestés, et en considération de ce qu'Elle s'engage de ny faire nulle levée de deniers ny de fourages qu'en payant de gré à gré et de les protéger contre tous ceux qui voudront les attaquer: en reconnoissance d'un si grand avantage Son Altesse Electorale promet et s'engage de faire consentir les Etats à fournir l'argent nécessaire pour faire une levée de quatre mille hommes de pied et de mille chevaux lesquels ils souldoyeront et entretiendront sur pied tant que la guerre durera, ce qui composera un corps de dix mille hommes audit Electeur, lesquels seront employés pour soutenir l'exécution du testament. Et en cas qu'il y ayt quelque opposition dans les dits Etats pour la livrance des deniers nécessaires pour la levée et l'entretien des dites trouppes et: que Son Altesse Electorale ayt besoin d'être appuyée par leurs Majestés Elles promettent audit Electeur les assistances qu'il demandera, pour obliger ses Etats à se conformer au présent article de traitté. Ce qu'il pourra faire exécuter par telle voye qu'il trouvera convenir.

V.   Son Altesse Electorale quand elle sera requise par leurs Majestés ou leurs généraux donnera dans toutes ses places, pays et Etats te passage aux trouppes de leurs Majestés, le logement avec les lits, place au feu et à la lumière des hôtes, si mieux n'aiment lesdits botes fournir le chauffage et la lumière. — Il sera donné dans tous les endroits où il sera besoin des couverts et autres lieux nécessaires pour faire les magasins pour les armées et la subsistance des trouppes le tout gratuitement, au moyen de quoy les trouppes payeront tout ce qui sera besoin pour leur subsistance et viveront avec toute la discipline possible. Et Son Altesse Electorale fera tenir la main à mettre des taux justes et raisonnables au prix des denrées.

VI.	Sa Majesté accordera un tiers à Son Altesse Electorale dans les contributions qui se lèveront au delà du Rhin depuis la rivière de Lippe qui tombe dans ce fleuve à Wesel en remontant le Rhin jusqu'au pays de Hesse et touttes les autres contributions généralement appartiendront en entier à Sa Majesté. Et si durant la guerre Sa Majesté étoit obligée de faire quelques avances pour les fortifications et magasins des places de Son Altesse Electorale avec son approbation préalable, elle pourra s'en faire rembourser sur la part cedée dans les contributions audit Électeur.

VII.	Le subside continuera six mois après la guerre d'Hollande et d'Allemagne et après l'avertissement de leurs Majestés audit Electeur de licentier ses trouppes, mais comme la guerre pourrait ne pas durer longtemps et que le subside étant entièrement fini, Son Altesse Electorale se trouverait sans trouppes et par consequens hors d'Etat de se soutenir contre ses Etats de Cologne et de Liège, lesquels à l'occasion du présent traitté pourraient chercher à le chagriner, pour y remédier Sa Majesté accorde audit Electeur du jour que les subsides cydessus finiront la, somme de cinquante mille écus par chaque année jusqu'à l'accomplètement des dix ans portés par le présent traitté.

VIII.	Sa Majesté promet qu'aussytôt que ledit électeur sera entré en action elle ne fera aucune paix dans laquelle Son Altesse Electorale et ses Etats ne soient compris pour être établis dans la même situation qu'ils se seront trouver avant la guerre et leurs Majestés ne laisseront dans les places dudit Electeur aucune trouppes lorsque la paix sera conclue.

IX.	Lesdits articles secrets auront la même force que le traitté principal et seront observés avec une exactitude et une fidelité inviolable, et la ratification en sera pareillement fournie de part et d'autre et échangée dans l'espace de trois semaines ou plutôt s'il se peut, et afin qu'il ne puisse porter préjudice à aucune des partis il a été encore nommément convenu entre elles qu'il sera tenu dans le dernier secret.

Fait à Bruxelles le 13. février 1701.

Chastenet de Puységur. Baron Karg de Bebenbourg.

1701 April 10 Gesandter Schlick bei Kurfürst Josef Clemens[10]

MÉMOIRES | pour servir a | L'Histoire | du | XVIII Siècle, | contenant | les Négociations, Traitez, Résolutions et autres Documens authentiques concernant les Affaires d'Etat; [...] | Par Mr. de Lamberty, | Tome second. | A La Haye, | chez Henri Scheurleer. | MDCCXXV.

Monsieur le Comte de Schlick, Général des Armées de Sa Majesté Imperiale[11] étant arrivé ici Jeudi au soir, eut Audience le lendemain vers midi, sans ceremonies, de S. A. E. dans laquelle

---

[10] Fundstelle: (de Lamberty, Memoires pour servir l'Histoire du XVIII Siecle, 1724, S. 437 ff).
[11] = Kaiser Leopold I.

aussi bien que dans la Conférence tenue ensuite avec lui, il dit que Sa Majesté Impériale aiant des raisons indispensables pour poursuivre ses Droits à la Monarchie d'Espagne par toutes les voies possibles, Elle souhaitoit, que son Altesse Electorale ne prit aucun engagement avec les Puissances, qui les lui disputent, & qu'en cas de rupture elle s'unit avec Sa Majesté Impériale & ses Alliez, y devant être excitée par deux puissans motifs, dont l'un est l'étroite Alliance, que la Maison Electorale de Bavière a avec l'Auguste Maison d'Autriche, & l'autre l'intérêt général de tout l'Empire, auquel les Couronnes de France & d'Espagne veillent soûstraire les Païs-Bas, & le Duché de Milan, étant à craindre, que par leur Union Elles ne se mettent en état de subjuger avec le tems, le reste de l'Empire, si les Princes, qui en sont Membres, ne se servent pas de l'occasion pour les empêcher, la France n'étant pas encore si redoutable à present, qu'elle veut le faire paroître. Il a representé dé plus, que Sa Majesté Impériale n'étant plus occupée du côté de la Hongrie, pourrait emploïer toutes ses Forces contre cette Couronne avec plus de succès que jamais, & que d'autre part les Anglois & les Hollandois feront des derniers efforts pour seconder Sa Majesté Impériale en tous ses desseins, tant pour se vanger du mépris, qu'on a fait du Traité de Partage, que pour maintenir leur Religion, leur Liberté, & leur Commerce ; & que si son Altesse Electorale vouloit entrer en intelligence avec Sa Majesté Impériale & avec Eux, il auroit ordre, lui qui parlait, de convenir avec Elle en leur nom de tous les avantages & conditions qu' Elle pourrait souhaiter , s'en promettant là-dessus une Résolution favorable, puis qu'il s'agissoit de maintenir la Liberté de l'Europe, & principalement celle de Princes de l'Empire, qui couraient risque autrement de perdre pour toujours leurs Souveraineté, & d'être traitez à l'avenir comme l'ont été autrefois les Evêques de Mets, Toul, & Verdun[12], & tout récemment, celui de Strasbourg.

Il ajouta, que si contre toute attente sadite Altesse Electorale ne vouloir par se rendre à toutes ces raisons, il seroit à craindre, que quand les Etendards des Puissances Alliées se déploieraient aux

| 438

environs de ses Païs, on ne pourroît plus avoir pour Elle les mêmes égards, que l'on auroit, si Elle se liguoit avec lesdites Puissances.

Voilà en substance ce qu'il représenta, mais, il fut bien surpris qu'au lieu de recevoir la Réponse favorable qu'il attendoit, on lui dit que son Altesse Electorale s'etant chargée de ses Archevechez & Evêchez, préférera toujours leurs avantages à ceux de sa propre Maison & Parenté, quand ils ne pourront pas s'accorder les uns avec les autres; & que si Elle vouloit agir sélon proximité du Sang, il seroit à examiner, si les Princes de France descendus de feue Madame la Dauphine sa sœur ne lui sont par plus proches que les Archiducs d'Autriche, pour qui neantmoins Elle aura sans cesse toute l'estime & toute la vénération imaginable.

Que pour ce qui regarde l'Empire, Elle assuroit Sa Majesté Impériale, qu'Elle ne s'en séparera jamais, lorsque les François & les Espagnols présumeront d'attaquer les Droits dudit Empire mais comme jusqu'à présent, ils ont protesté de reconnoître de l'Empire tout ce que les Rois d'Espagne de la Maison d'Autriche en ont reconnu, il ne lui sembloit pas, que de la part dudit

---

[12] Die Bezeichnung Trois-Évêchés (deutsch: „Drei Bistümer") stand für die drei ehemaligen Fürstbistümer (Hochstifte) Metz, Toul und Verdun in der Kirchenprovinz Trier. Im Jahr 1552 wurden die Bistümer gemäß den Bestimmungen im Vertrag von Chambord durch den französischen König Heinrich II. besetzt. Obwohl faktisch nun unter französischer Kontrolle stehend, verblieben sie nominell noch im Heiligen Römischen Reich. Mit dem Westfälischen Frieden von 1648 wurde Frankreich der offizielle Besitz der Hochstifte bestätigt.

Empire on ait lieu de desaprouver leur conduite à cet égard, ni de se mêler des différens particuliers, qui sont entre les Maisons de Bourbon & d'Autriche, pour ne pas troubler le repos commun.

Que les Cercles de Franconie & de Suabe, sur ce qu'ils avoient trouvé bon de s'associer & d'inviter plusieurs autres Cercles & Princes de se joindre avec eux, pour pouvoir conserver la tranquillité, de laquelle ils jouïssent depuis la dernière Paix, & dont Sa Majesté T[rès] C[hrétienne][13] promet de leur laisser goûter les douceurs ; que si la Cour de Vienne, comme la plus éloignée, ne trouve pas à present les Forces de la France redoutables, ces Pais ici, qui sont plus exposez, ont d'autant plus de sujet de les appréhender, que lorsque cidevant l'Espagne etoit encore, jointe avec les autres Alliez, Sa M. T. C. seule n'a pas laisse de faire tête à presque toutes lés autres Puissances de l'Europe: qu'outre cela, si Sa Majesté Impériale n'est plus obligée d'entretenir une Armée contre les Turcs, elle sera contrainte selon ses projets, d'en envoïer une en Italie, aussi considerable, que celle qu'Elle auroit en Hongrie; qu'il faut avouer cepandant, que par l'union des Anglois & des Hollandois avec plusieurs Princes & Etats Protestans on pourroît mettre de grandes Forces sur pied ; mais que l'on avoir vu dans la dernière Guerre, ce que les Catholiques & principalement ses Princes Ecclesiastiques, y avoient gagné, dont il reste encore de funestes marques dans les Pais de Cologne & de Liège ; que le Roi d'Angleterre étoit un Prince d'une Santé peu stable, & la Nation Angloise inconstante, & presque épuisee aujourdhui ; que les Hollandois avoient toujours apuïé la Guerre , & qu'ensuite, ils avoient été les premiers à traiter séparément au grand desavantage de leurs Alliez.

Que de tout tems le Pais de Liège s'etoit trouvé très-bien des Neutralitez, & que pour l'unique fois, qu'il s'étoit déclaré, il avoit été si mal-traité , que les Etats avoient instamment supplié son Altesse Electorale de leur procurer en toute manière dans cette conjoncture une bonne Neutralité, dont si le nom est odieux à là vue de tout le monde, on se pourroît contenter de l'effet.

Qu'au reste, Son Altesse Electorale a trouvé à propos de s'unir avec Meilleurs les autres Electeurs Ecclesiastiques dans une Assemblée tenue à Lockenstein ou l'on avoit conclu de se

| 439

joindre avec les Cercles & Princes associez, dans l'espoir que Sa Majesté Imperiale n'en seroit moins satisfaite, qu'Elle a témoigné de l'être de l'Association des deux Cercles susmentionez ; & qu'enfin son Altesse Electorale le confiant dans l'équité & justice de ladite Majesté Imperiale ne peut pas croire, qu'Elle veuille concourir à faire mal-traiter les Electeurs & autres Prince de l'Empire , qui par le soin qu'ils ont de la conservation de leurs Etats, ne voudront par s'engager dans une querelle , qui ne regarde par jusqu a prêtent le Corps de l'Empire.

---

[13] = Ludwig XIV.

1702 Jan 09 Kaiser Leopold: Mandat gegen die Bewohner Kurkölns[14]

THEATRI | EUROPÆI | Sechszehender Theil. | Oder | Außführlich fortge-
führte | FRIEDENS- UND KRIEGS- | BESCHREIBUNG. | [...] durch |
Weyland Carl Gustav[us] Merians seel[ig] Erben. |

Wir Leopold etc. etc. Fügen allen und jeden Chur-Côllnischen Land-Stånden geist- und weltlichen Råthen und såmtlichen Untertanen, deren dieser unser offener Kayserlicher Brieff oder dessen authentische Abschrift vorkommt, dero wir eben den Glauben, als im Original selbsten zugestellet haben wollen, hiemit zu wissen, und wird euch leider vorhin mehr als zu viel bekannt seyn, in was für einen betrůbten Zustand, dieses ganze Ertz-Stifft durch die von dem alldortigen Churfůrsten in mehriste Ertz-Stifftische Stådte beschehene Einnehmung, Französisch und vermeintlich Spanischer Militz unter dem erdichten Namen Burgundischer[15] Crayß-Vôlker gesetzet worden ist, und was daraus noch fůr mehrere gefåhrliche Consequentien ziehen zu des Reichs ohn unwiederbringlichen Schaden entspringen dôrfften.

Wie wir nun gegen solch von einem zumahln eingebohrnen Deutschen, und eine vornehme Chur-Wůrde tragenden Fůrsten ohne eintzige warhaffte Ursache und Noth, sondern wider Eyd- und Pflicht, GOtt und das Vatterland, zweiffelsfrey durch bôser Råthen Verleitung ergriffene Resolution unser allerhôchstes Kayserl[iches] Amt zu interponiren, denen Reichs-Satz- und Ordnungen nach, schuldig und berecht seynd, dahero auch gegen gemeldten Chur-Fůrsten und seine hier zu gebrauchte geist- und weltliche Råthe, die in erstgedachten Reichs-Satzungen gegrůndete Verordnungen und unter andern auch wohl gescharfftes Kayserl. *Mandatum de abducendo milite, deserendo partes gallicas, & praetense Hispanicas atque se in omnibus submittendo ordinationibus nostris Caesareis*[16] anheut ergehen zu lassen, solchem auch gehorsamlich nachgelebet, oder in Verbleibung dessen, fernere und schårffere Mittel vorgenommen wissen wollen, so haben wir nicht umhin gekônnt, von solchen unseren wider ihn Churfůrsten, und seine hier zu gebrauchte schlimme und zweiffels ohne mit frembden Geld corrumpirte Rathgeber, erlassene Reichs-Constitutions-måßige Verordnung, mit dem gnådigst und ernstlichen Befehl, krafft dieses Nachricht zu geben, und zu befehlen, dass ihr weder insgesamt, noch einer aus euch insonderheit seinen des Churfůrsten zu Côlln, noch dessen hier zu gebrauchten Råthen oder andern Befehlen, so lang biß dieselbe obgedachten unsern an sie ergangenen Verordnungen und Mandatis ein vôlliges Gnůgen geleistet, und wir darauff andere Verordnung an euch abgehen lassen werden, in keine Weise nachkommet, sondern euch dagegen viel mehr nach Kråften setzet, dessen Bedienungen euch entschlaget, und euch lediglich an uns, und unseren Kayserlichen Befelchen haltet, und darnach richtet, bei Vermeidung unserer und des Reichs schweren Ungnad und unausbleibenden Leibs- und

---

[14] (Theatrum Europaeum 1701-1703, 1717, S. 676), zeitgenössischer Druck, Fundstelle: UB Augsburg.

[15] Angeblich wurde in Kurköln jedem, der diese Militärs als „französische" bezeichnte, angedroht, ihm würden Nase und Ohren abgeschnitten: (Vogel, S. 159).

[16] „Der Befehl, die Soldaten wegzuschicken, die französich/spanische Partei zu verlassen und allen kaiserlichen Anordnungen Folge zu leisten."

Lebens-Straff, massen wir dann auch euch von allen denen Pflichten, wormit ihr auff einige Weise, mehrgedachten Churfürsten verwandt und zugethan sehet, als welche ohne deme euch bey dermahligen Umständen zu nichts verbinden, hiermit aushabender Kayserl. Macht Vollkommenheit frey und los sprechen. Wornach ihr euch zu richten, und vor Schaden zu hüten wissen werdet.

Wien den 9. Jan[uar] 1702.

1702 Jan 09 Kaiser Leopold: Mandat gegen Kurfürst Joseph Clemens[17]

Wir Leopold etc. etc. Fügen dem {Tit.} Churfürsten zu Cölln, wie auch seiner Liebden geist- und weltlichen Räthen, in specie Johann Heinrich Karg, hiemit zu wissen, weß gestalten wir mit höchstem Missfallen vernehmen müssen, dass Ew[er] L[ie]bd[en] in die mehriste dero anvertrauten, von uns und dem Heil[igen] Röm[ischen] Reich, zu Lehntragenden Churfürstenthums, und Ertz-Stiffts Köln, zugehörige Städte und Plätze, frembder und auswärtiger Potenz-Völcker, unter einem leeren und erdichteten Praetext, so genannter Burgundischen Crayß-Militz, zur Besatzung eingenommen, mithin selbiges Land ohne die geringste Noth gantz willmüthiger Weiß, frembder auswärtiger Gewalt, hin und übergeben, und also zum Schau-Platz des Kriegs gemacht, und durch bey der mit dero Dohm-Capitul daselbst wegen der Landes-Vereinigung einige Jahre her, an unserm Kays[erlichen] Reichs-Hof-Rath stehenden Reichs-Handlung, ohngeachtet unserer hierunter vohrmals gethaner verschiedener Kayserl. Verordnungen, auch noch jüngsthin den 29. Novembr[is] abgelassener nachdrücklichen und vätterlichen Abmahnung, gegen die allgemeine Rechte und heilsame Reichs-Satzungen, sowohl als berührte Erblandes-Vereinigung und anderen Special Grund-Gesetzen erwehnten Churfürstenthum, auch absonderliche Verträge, althergebrachter Reversalien den von Ew. Lbd. selbst darüber abgeschworenen theuern Eyd und uns geleistete schwere Lehen-Pflicht, mit Einführung sothaner frembden auswärtigen Mannschaft auff dem Reichs-Boden einseitig und widersetzlicher Weise bewürcktes Factum nunmehro dasige Land- und Leute, von dem Römischen und dem Churfürstenthum ab und unter frembde, die völlige Ausrottung Teutscher Nation durch gantze Secula mit alle erdencklicher Mühe und Kräfften, zu erwerben trachtende Potenz gesetzet haben, und zwar noch auff solche Weise, dass sie noch in ihrem Schreiben an uns, vom 18. Novembr. jüngsthin zu meldten sich nicht gescheuet, sie hätten gegen unsere an dem Chur-Rhein und Westphälischen Crayß, oder deren Directoria abgelassene rechtliche Verordnung nicht weniger zu thun vermocht, als weilen ihro der Recurs zu denen zweyen nechsten Reichs-Crayßen abgeschnitten, in der äussersten Noth andere Hülffe zu sichern, und einige Mannschaft zu ihrer Rettung einzunehmen, wordurch sie sich immediate, unseren Kayserlichen Verordnungen und Judicaturen *armata manu* mit fremder Gewalt widersetzt, und solches Unternehmen, nicht zu ihrer anvertrauten Land und Leuten Rettung, wie selbige vorgeben will, sondern zu deren Untergang und gäntzlichen Ruin gereichen thut, welchem höchst-schädlichen weit aussehenden verfahren und eigenmächtige Thathandlung, wir umso weniger nachsehen können, noch wollen, als solches wider GOtt, das Gewissen, Eyd-

---

und Pflichten lauffet, anbey uns und dem Römischen Reich im höchsten Nachtheil und der ganzen Welt zu grosser Aergerniß und Scandal gereichet, woraus künfftig auch mehrer Schaden,

| 677

gänzliche Zerrüttung des ohne deme fast aller Orten sehr gekränckten Ruhestands des lieben Vatterlandes Blutvergiessung, auch offenbarlicher Krieg zu besorgen, dahero dann wir von obtragenden unseren allerhöchsten Kayserl. Amts wegen gegen diese höchst-ärgerliche, und zumalen einem eingebohrnen Teutschen Reichs- und eine vornehme Geistl. Chur-Würde tragenden Fürsten, welcher andern mit gutem Exempel vorleuchten solle, ganz ohnanständige und ohnverantwortliche Thätligkeiten Reichs-Constitutions-mässige Mittel und Verordnung in Zeiten vorzukehren uns schuldig erkennen, und also nebst anderwärtigen Verordnungen wieder Ew. Lbd. und dero geist- und weltliche Räthe, welche Ihro zu diesem Reichsverderblichen Ohnwesen mit Raht und That beygestanden seynd, und also absonderlich wider dich Johann Heinrich Karg, auch dieses unser *Mandatum respective de abducendo milite extero, nec non deserendo partes Gallicas & praetense Hispanicas, atque se in omnibus submittendi ordinationibus nostris Caesareis sub poenis sub sequentibus sine clausula*, nach reiffer der Sachen Erwegung, wider dieselbe zurecht erkannt worden etc.

Gebieten demnach Ew. Lbd. und euch von Römischer Macht und bey Verwürck- und Verliehrung dero von uns und dem Reich auch unseren Vorfahren Römischen Kaysern und Königen erhaltenen und habenden Privilegien, Dignitäten, Regalien, auch respective Güter, Ehren, Würden, Freyheiten, Gnaden, Recht und Gerechtigkeiten, auch Schutz und Schirm hiemit ernstlich, und wollen, dass sie alsobald nach Insinuir- und Verkündigung dieses unseres Kayserl. Mandats oberzehlter Massen in dero anvertrauten von uns und dem Reich zu Lehen rührenden Churfürstenthums Cöln, Städte und Plätze eingenommene mit uns in würcklichen offenbahren Krieg stehenden frembde Völcker und Besatzung, wiederum ab- und außführen, die Frantzösische und vermeyntlich Spanische Partheyen, ohne einige Widerrede und Verzug, zu verlassen, deren etwa bißhero mit selbiger errichteten Pactorum, als welche wir auch hiemit von obhabender Kayserl. Macht Vollkommenheit, völlig annulliren und auffheben, sich entschlagen, deren gäntzlich abzuthun, äussern und enthalten, auch künfftighin unsern Kayserl. Verordnungen und Befehlen gehorsamst untergeben, submittiren, und denenselben in allem gebührend nachkommen, deme allen also und zuwider nicht thun, hierinnen auch nicht säumig oder ungehorsam seyn, als lieb denselben ist unsere und des Reichs schwere Ungnad und die würckliche Declaration und Execution obinserirter Straffen zu vermeiden, und nicht Ursach zu geben, dass gegen Ew. Lbd. und euch, und absonderlich dich Karg, mit unserer bereits erkannten *Citation ad videndum vos privari dignitatibus Regalibus, juribus immunitatibus, protectionibus, gratiis & privilegiis, a nobis vel antecessoribus Nostris Romanis Imperatoribus ac Regibus acquisitis*[18] zu vermeiden, das meynen wir ernstlich etc. etc.

Wien, den 9. Jan[uarii] 1702

---

[18] Sovielwie: Verlust aller Rechte, Vergünstigungen, Privilegien, Gnaden, von uns oder unseren Vorfahren gewährt.

1702 Jan 09 Kaiser Leopold: »Avocatoria an Kriegs- und Civil-Bediente«[19]

Wir Leopold fügen N.N. allen und jeden Churfürstens von Côlln Josephi Clementis Kriegs-Generalen und Offizirern, Feldherrn und Obristen, wie auch und allen anderen Befehlshabern, Hauptleuten, und sofort allen gemeinen Soldaten und Knechten zu Roß und Fuß, welche unter unserer und des Heil[igen] Reichs Bottmäßigkeit und Landen gebürtig und gesessen, dann dieses unser offentliches Kayserl[iches] Mandat oder dessen glaubwürdige Abschrifft, dero wir eben den Glauben als dem Original selbsten zugestellet haben wollen, vorkommet oder verkündiget wird, hiermit zu wissen, dass wir nicht ohne sonderbare Befrembdung und höchstem Mißfallen vernehmen müssen, wasgestalten besagter Churfürst in die mehriste des von uns und dem Heil. Reich zu Lehen rührenden Churfürstenthums und Ertz-Stifft Côlln gehörige Städte und Plätze außwärtiger Potentz Militz, unter falschem und grundlosen Vorwand und Benahmsung Burgundischer Crayß-Völcker zur Besatzung eingenommen, mithin selbiges Land einer frembden und den Untergang und völlige Außrottung des Teutschen Reichs durch viele und lange Jahre mit allen Kräfften und Bemühungen suchender Nation wider unsere nachdrückliche Kayserl. und vätterliche Abmahnungen allen Rechten und Reichs-Satzungen so wol, als auch denen absonderlichen Grund-Gesetzen ermeldten Churfürstenthums zu entgehen, mit Hindansetzung des geschwornen Eyds und abgelegter Lehen-Pflichten, mit welchen derselbe uns und dem Heil. Reichs gethan und verbunden ist, ohne die geringste Noht übergeben, und dadurch dasige Land und Leute von dem Römis[chen] Reich ab und unter frembde Gewalt gesetzet und gebracht habe.

Wann wir nun aber solchen wider GOtt und das Gewissen lauffenden, und uns und dem Heil. Reich zum höchsten Nachtheil und der ganzen Welt zur grösten Aergerniß gereichenden widersetzlicher Verfahren, zumalen daraus auch künfftighin grössers Unheyl gänzliche Zerrüttung des ohnedeme sehr gekränckten Ruhestandes, des lieben Vatterlandes Blutvergiessung, auch wol gar offenbarer Krieg entstehen möchte, auff alle Weiß zu steuren, uns von obtragenden allerhöchsten Kayserl. Amts wegen schuldig erkennen, und dahero nebst anderen unsern an ihme, Churfürsten ergangenen Reichs-Constitutions-mässigen Verordnungen auch dieses unser Kayserl. *Mandatum Avocatorium & Inhibitorium* nach reiffer der Sachen Erwegung heut dato an euch zurecht erkennen worden,

als gebieten wir euch obbesagten Churfürstens zu Côlln Kriegs-Generalen und Offizirern, Feldherrn und Obristen, wie auch allen Befehlshabern, und sofort allen gemeinen Soldaten und Knechten zu Roß und zu Fuß, welche unter unserer und Heil. Röm. Reichs Bottmäßigkeit und Landen gebürtig und gesessen, bey Vermeidung unserer und Heil. Reichs Acht und Oberacht, und also unnachlässiger Straff Leib und Lebens, auch bey Verliehrung aller und jeder eurer habenden Privilegien, Ehren-Würden, Aemtern, Freyheiten, Gnaden, Recht und Gerechtigkeiten, nicht weniger Confiscation aller eurer Haab und Güter, Lehen und Eigenthum, etc. hiermit ernstlich, und wollen, dass ihr alsobald nach Verkündigung dieses unseres Kayserl. Gebotts

| 678

---

[19] (Theatrum Europaeum 1701-1703, 1717, S. 677 f), zeitgenössischer Druck, Fundstelle: UB Augsburg.

eure Kriegs-Dienste bey mehrbesagten Churfürsten ohne einigen Anstand verlasset, quittiret und davon abstehet, euch auch wieder berührt von uns und dem Heil. Reich zu Lehen gehendes Churfürstenthum und Ertz-Stifft Cölln die darzu gehörige Lande, Städte und Plätze, so wol als auch weder gegen das Dohm-Capitul, die Land-Stände und Ritterschaft daselbst, die Bürger, Unterthanen und Angehörige, noch sonsten die anliegende uns und dem Reich untergebene Fürstenthum, Länder, Städte und Oerter, welche die immer seyn möchten, oder wo die gelegen, deren Haab und Güter, weder selbst noch durch andere heimlich oder offentlich, in und bey allen denjenigen, so wider dieselbe ohn ob mehrbesagten Churfürsten, dessen Helffern und Helffers-Helffern, oder sonst männiglich, wer der auch seye, mit Gewalt, es seien mit derselben Besatzung, Belagerung, Blocqirung, Exaktionen, Exekutionen, Sperrungen, Angriffen, Stürmen, Schlachten, und allen andern der gleichen eigenmächtigen, friedbrüchigen That vorgenommen werden möchte, unter was Prätext solches auf von ihme, Churfürsten, und dessen Helffern hierinnen begehret würde, massen dann die von euch darüber geleistete Eydpflicht ohnedem wider uns und das Heil. Reich ganz ohnkräfftig und nichtig, wie auch solche hiermit zum Ueberfluß für unkräfftig und nichtig, und euch daran nicht gebunden zu seyn erklären, mit nichten gebrauchen lassen, noch darzu einigen Vorschub oder Hülff leistet, euch auch im geringsten nicht theilhaftig machet, noch dasselbe zugestehen verstattet oder verhenget, sondern allenfalls, euren Kräfften nach, euch darwider setzet, und bey uns, dass ihr solchem gehorsamst nachkommen, anzeiget, so lieb euch ist die würckliche Erklärung und Executions obangedroheten Straffen zu vermeiden, an dem beschicht unser Ernst und gerechtester Will und Meynung.

Wien, den 9. Jan. 1702.

[Es quittierten den Dienst u.a. der Graf von Königsmarck, Graf Arco, Freiherr von Metternich, vier Geheimräte, der kurkölnische Gesandte beim Reichstag in Regensburg Freiherr von Ungelter; dessen Nachfolger Baron Zeller wurde in Regensburg nicht akzeptiert.[20]]

1702 Febr 05 Joseph Clemens an Max Emanuel[21]

MEMOIRES | du | MARQUIS DE SOURCHES | sur le Règne de Louis XIV | publies d'après le manuscrit authentique appartenant à M. le Duc des Cars | Par le Comte de Cosnac | et Edouard Pontal, | Tome septième {1701-1702} | Paris | Librairie Hachette et Cie | 1888 |

---

[20] Nach (Theatrum Europaeum 1701-1703, 1717, S. 688, 692).
[21] Fundstelle: (de Cosnac/Pontal, 1888, S. 468 ff).

Je reçus hier au soir, par un commis de la poste impériale, quatre mandements de l'Empereur, sous quatre enveloppes avec le cachet de l'évêque de Raab, par lesquels on m'a cité à Vienne, aussi bien que le baron Karg, mou grand chancelier, pour y justifier notre conduite devant le conseil impérial aulique, et, à faute de ce, nous voir bannis et déchus de nos dignités, honneurs, fiefs et biens, et tous nos sujets dispensés du serment de fidélité, si, dans le terme de deux mois, je n'ai pas fait mettre en liberté le grand doyen de ma cathédrale de Liège, renvoyé les troupes étrangères qui sont entrées dans mes États sous le faux nom de troupes du cercle de Bourgogne, et si je ne renonce à l'alliance de Sa Majesté Très-Chrétienne et du duc d'Anjou[22], usurpateur de la couronne d'Espagne. Outre cela, Sa Majesté Impériale défend à mes ministres, États, conseillers, officiers, tant civils que militaires, et généralement à tous mes sujets de ne plus reconnoitre ni obéir à mes ordres, pendant que je n'aurai point satisfait aux trois articles, à peine aux ecclésiastiques qui ne se conformeront pas auxdits mandements d'être privés de leurs dignités, honneurs, biens, et d'être bannis, et aux séculiers de perdre la tête avec la confiscation de tous leurs biens.

Votre Dilection voit par là que la hauteur avec laquelle la cour impériale agit, augmente tous les jours, et que, pendant qu'elle tâche de susciter l'Empire contre la France par la crainte affectée de la monarchie universelle, elle-même dépouille les Électeurs, princes et États de l'Empire de leurs principaux droits et prérogatives, pour les attribuer particulièrement à l'Empereur, ou plutôt à la maison d'Autriche. Vous savez, Monsieur, ce que cette cour-là a fait depuis peu pour établir de sa propre autorité le Grand Électorat et pour ériger une nouvelle royauté sur les terres dépendantes de l'Empire. Il est bien surprenant que, quoique les troubles qui en sont provenus ne soient pas encore apaisés, on veuille encore présentement maltraiter les électeurs et princes de l'Empire en leurs propres personnes, et déclarer déchus de toute leur autorité ceux qui ne veulent pas embrasser aveuglément les intérêts de la maison d'Autriche, comme s'il ne falloit pas faire la distinction que l'ou doit entre l'Empereur comme tel et l'Empereur comme archiduc d'Autriche, et considérer que ce n'est qu'on cette dernière qualité qu'il est entre en guerre contre les deux couronnes alliées pour la succession de la monarchie d'Espagne. Mais quand, dans cette occasion, il seroit en droit d'agir comme Empereur, et que j'aurois manqué à mon devoir, il ne pourroit pas procéder contre un Electeur avec tant de rigueur, au mépris des lois fondamentales de l'Empire, ni s'en attribuer à lui seul la connoissance, sans la participation de l'Empire. Ce procédé m'est d'autant plus sensible que je me suis fait une loi inviolable de perdre la vie plutôt que de rien faire contre ce que je dois à l'Empereur et à l'Empire, et cependant l'on veut me perdre de réputation dans le monde en me taxant du crime de félonie.

Pour ce qui est de l'emprisonnement du doyen Méan, je puis assurer par serment que je n'y ai aucune part; mais comme il est à présumer que Sa Majesté Très-Chrétienne a eu de grandes raisons pour le faire conduire à Namur et que Sa Sainteté a pris cette affaire en mains, il ne me convient plus de m'en mêler.

Quant à l'entrée des troupes du cercle de Bourgogne dans mes États, ne pouvant prendre aucune confiance au cercle de l'électorat du Rhin ni à celui de Westphalie, j'ai cru en assurance de Votre Dilection de ne pouvoir m'adresser mieux qu'à M. le marquis de Bedmar, commandant général dans les Pays-Bas, pour avoir le secours du cercle de Bourgogne, contre les violences de Monsieur l'Electeur Palatin, qui avoit fait passer le Rhin à des troupes véritablement étrangères, pour renfermer mes Etats do tous cotés et me réduire à la merci de ceux qui éloient à la veille de devenir mes ennemis, et je n'ai pris ce parti qu'après que S. A. Electorale Palatine m'a refusé le

---

terme que je lui avois demandé jusqu'à la fin de novembre pour tâcher d'obtenir, pendant ce temps-là, de Sa Majesté Impériale et de ses alliés, la neutralité pour mon Électorat de Cologne et pour ma principauté de Liège.

A l'égard de l'alliance que j'ai faite avec Sa Majesté Très-Chrétienne, l'on ne peut pas me disputer le droit que j'ai, aussi bien que tous les électeurs et princes de l'Empire, de faire toutes les alliances qui nous seront convenables, pourvu qu'elles ne soient pas contre l'Empereur et contre l'Empire. Celle que j'ai faite avec la France n'est aucunement ni contre l'un ni contre l'autre, puisqu'il ne s'agit dans cette affaire que d'un différend qui n'est seulement qu'entre les deux maisons de Bourbon et d'Autriche. Ce qui m'a touché le plus sensiblement est qu'après que l'évêque de Raab m'a envoyé sous son cachet des mandements si outrés, il a eu la hardiesse d'adresser ce matin une lettre à mon confesseur, par laquelle il me fait des compliments de doléance et de grandes excuses de ce qu'il a été obligé de m'envoyer lesdits mandements, et me conseille en même temps d'obéir à ce que l'Empereur me commande.

J'écris cette lettre à Votre Dilection en attendant que je lui puisse envoyer un plus long détail sur cette affaire. Je vous prie seulement d'en faire informer au plus tôt vos ministres aux cours de Rome et de Vienne, et à Ratisbonne, pour qu'ils sachent ce qu'ils auront à répondre à ce qu'on leur dira sur ce sujet.

1702 Febr Reaktionen in Bonn[23]

Den 5ten dieses [Februar] langte einer hier an, der sich vor einen Courrier vom Bischof von Raab außgab, und 4 Kayser[liche] Mandate mit sich brachte.

[1.] Das erstere war Teutsch an S[eine] Churfürstl[iche] Durchl[aucht] zu Cölln,

[2.] das andere Lateinisch an Se. Churfürstl. Durchl. als Prinzen von Lück [=Lüttich] gerichtet;

beyde hielten eine Citation S[eine]r Churfürstl. Durchl. und dero Cantzlers des Baron Karg, nach Wien in sich, welche daselbst vor dem Reichs-Hof-Raht ihre Conduite justificiren, bey dessen Entstehung aber in die Acht erkläret, und alle ihrer Ehre, Würden, Lehen[24], Haab und Güter verlustig, auch alle Sr. Churfürstl. Durchl. Unterthanen von dem Eyd der Treue loßgesprochen seyn solten, wann sie den Baron von Mean, Groß-Dechant der Cathedrale-Kirche zu Lück, nicht binnen 2 Monaten wiederum in völlige Freyheit setzen ließen, die außwärtige und unter dem falschen Namen des Burgundischen Crayses in ihrer Lande gekommene Trouppen zurückschickten, und der Alliance mit Sr. Allerchristl[ichsten] Maj[estät] und dem Hertzog von Anjou, der darinnen vor einen Usurpator der Spanischen Crone gehalten wird gänzlich absagten.

Ih[re] Kayserl. Maj. verbieten andern Civil- und Militär-Bedienten, und insgemein allen dero Unterthanen Sr. Churfürstl. Durchl. solange biß sie jetztgemeldten 3 Articuln eine Genügen gethan, vor dero Herrschaft zu erkennen, oder dero Befehle zu gehorsamen, bey Straffe, dass die Geistliche ihrer Güter, Ehr und Würde beraubet und in die Acht erkläret, die Weltlichen aber ihr Leib und Leben verliehren, und alle ihrer Güter konfiscirt seyn sollen.

[3.] Das dritte Mandat war an den Grafen von S[ain]t Maurice, als commandirenden General Sr. Churfürstl. Durchl. Trouppen, worinnen ihm anbefohlen wird, alle Soldaten, welche ohne Vorwissen des capituli geworben sind, abzudancken.

[4.] Und das 4te Mandat, welches an den Graf von Königseck, als Sr. Churfürstl. Durchl. Ober-Hof-Meister gerichtet war, hielte einen Befehl in sich, an alle dero Hof-Bediente, dass sie aus Sr. Churfürstl. Durchl. Dienste gehen und sie verlassen sollten, zum welchem Ende es sie von dem

| 679

geleisteten Eid der Treue frey und loßspricht.

Se. Churfürstl. Durchl. waren gleich in der Kirche in der Abend-Betstunde, wie sie diese Zeitung empfiengen, und sagten zum Grafen von Königseck, welcher mit dem Kayserl. Mandat in der Hand weinend zu ihnen in ihren Stande kam, dass der von Ihr. Kayserl. Maj. ihnen gethane Verweiß unbillig, und der gebrauchte Vorwand den Reichs-Satzungen schnurstracks entgegen wäre. Sie wolten das Heil. Sakrament, so daselbst außgestellet, zum Zeugen nehmen, dass alles, was sie gethan, bloß aus dem Absehen, den Frieden in Europa zu erhalten, geschehen, und ihre Meynung niemals gewesen seye dem Reich zu schaden, dass, wann sie nicht die Warheit sagten, sie GOtt bäten, sie in derselben Stunde sterben zu lassen, und da sie die gerechteste Intention hätten, wolten sie auch bey dem einmal gefassten Schluss und Vorhaben beständig verbleiben.

Se. Churfürstl. Durchl. haben dem König von Franckreich, ihrem Herrn Bruder dem Churfürsten von Bayern, und ihrem aufm Reichs-Tag zu Regensburg subsistirenden Minister von dieser Mandaten Innhalt Nachricht ertheilet, und absonderlich an Se. Churfürstl. Durchl. zu Bayern geschrieben, dass hieraus zu sehen, wie des Kayserl. Hofes Hochmuth alle Tage zunehme, da er selbst, indem er sich bemühet, durch die vorgewandte Furcht einer allgemeinen Monarchie, das Röm. Reich wider Franckreich zu erregen, die Churfürsten, Fürsten und Stände des Reichs ihrer vornehmsten Rechte und Prärogation beraubte, um solche dem Kayser alleine, oder vielmehr dem Hauß Oesterreich zuzueignen, dass man vor kurtzem gesehen, was dieser Hof gethan, aus eigener Macht die neundte Chur[25] einzuführen und vest zu setzen, und in denen zum Reich gehörigen Landen ein neues Königreich auffzurichten, wie es höchst zu verwundern, dass, obgleich die deßwegen entstandene Unruhe noch nicht gestillet, derselbe sich doch anjetzo unterstehe die Churfürsten und Fürsten des Reichs in ihren eigenen Personen übel zu tractiren, und diejenige, welche des Hauß Oesterreichs Parthey und Interesse nicht blinder Weise annehmen wollen, aller ihrer Hoheit verlustig zu erklären, gleich, als man nicht zwischen dem, was dem Kayser, als Erz-Hertzog von Oesterreich, schuldig ist, einen Unterschied machen und bedencken müssen, dass er nur als Erz-Hertzog von Oesterreich, wegen der Succession der Spanischen Monarchie, mit den beyden Cronen Krieg führen wolle, und wann er auch bey dieser Gelegenheit berechtigt wäre, wider dieselbe als Kayser zu agiren, und Se. Churfürstl. Durchl. dabey ihrer Schuldigkeit nicht nachgelebet hätten, so könte er doch mit Veracht- und Hindansetzung der Reichs-Grund-Gesetze gegen ein Churfürsten nicht so strenge verfahren, noch mit Außschliessung des Reichs und des Churfürstl. Collegii sich der Erkänntniß darüber einzig und allein anmassen.

[zu dem Burgundischen Kreis]

---

25 1692 wurde vom Kaiser die neunte Kur des Heiligen Römischen Reiches der im Fürstentum Calenberg regierenden Linie der Welfen verliehen. Dies wurde möglich durch einen Vertrag zwischen dem römisch-deutschen Kaiser und den beiden Linien des Hauses Lüneburg.

Die von Sr. Churfürstl. Durchl. mit Sr. Allerchristl. Maj. getroffene Alliance belangend, so könte man ihnen ja das Recht nicht strittig machen, welches sie gleich andern Chur- und Reichs-Fürsten hätten Defensiv-Alliancen nach dem Gefallen, und wie sie es vor rahtsam befinden, wie wem es auch sey, vor die Erhaltung ihrer Lande zu schliessen, wann sie nur nicht wider den Kayser und das Reich zusammen lieffen; Das von ihnen mit Franckreich gemachte Bündniß wäre weder gegen den eine noch das andere, weil der Krieg, in welchen der Wienerische Hof ganz Europa zu verwickeln, und ins gröste Verderben zu stürtzen suchet, bloß eine zwischen den beyden Häusern Bourbon und Oesterreich eintzig und allein entstandene Strittigkeit beträffe, dass also Se. Churfürstl. Durchl. nicht sehen, warum der Kayser sie zwingen wolte, diese nur zu ihres Landes Beschützung und keines Menschen Nachtheil geschlossene Alliance auffzuheben.

1702 Febr 19 Kurfürst Joseph Clemens an den Kurfürsten von Mainz[26]

Europäischer | STAATS-CANTZLEY | SECHSTER THEIL, | [...] samt denen Chur-Cöllnischen Differentien mit dem Dom-Capitul daselbst, in specie aber wegen eingenommener Frantzösischer Völcker [...] | dargestellet | von | Antonio Fabro, | Historiographo, | Anno 1705. |

[Auszug]

Unsern etc. Wir haben aus zwey offenen unter des Bischoffens zu Raab Copert Uns den 4. huius zugeschickten Kayserl[iche] Patenten mit mehrerem ersehen, was für ungleiche wider alle Warheit strebende Sachen bey Ihrer Kayserl. Majeståt wider uns angegeben, und wie hart und unförmlich gegen uns deßhalben bey Dero Reichs-Hof-Rath verfahren, und sogar unsern Ministris, Råthen, Civil- und Militår-Bedienten, auch Land-Stånden, und andern, die uns mit Pflichten zugethan, bey Leib- und Lebens-Straff verbotten worden, uns so lange nicht zu erkennen, noch unsern Befehlen zu gehorsamen, als wir nicht das in unsern Landen zu **Ihrer Kayserl. Majest. und des Römischen Reichs höchsten Nachtheil** eingenommenes frembdes Volck völlig daraus geschafft, , und er mit denen Cronen Franckreich und Spanien vor uns widerrechtlich getroffene Alliance abgesagt haben würden;

Indem aber die Sache nicht also beschaffen, und dem Churfürstl[ichen] Collegio insonderheit so wol als dem gesambten Heil[igen] Röm[ischen] Reich gar zu viel daran gelegen ist, daß man die Reichs-Grund-Satzungen auch Chur- und Fürstl[iche] Praerogativen und Gerechtsamen mit dergestalt übern Hauffen werffe, und gleich mit Bannisirung, Avocatorien, und allerhand scharffen Mandatis wider diejenige Glieder des Reichs verfahre, welche sich in

---

[26] Zeitgenössischer Druck, Fundstelle: (Faber, Europäische Staats-Cantzley, 1708, S. 555 ff).

ein mehrers, als was des Reichs Wolfahrt, und die demselben schuldige Treue, auch ihrer eigenen Landen Conservation und Sicherheit erfordert, andern zu gefallen nicht einlassen wollen; So

| 557

hoffen wir, **Euere Liebden** werden von ihres hohen Ambts wegen daran seyn, damit das gantze Heil. Röm. Reich, und bevorab unser Churfürstl. Collegium sich unser mit Nachdruck annehme, und den Wienerischen Hof von dergleichen Unfug und an sich selbst nichtigen Proceduren abzustehen vermögen wolle, zumalen nicht zu glauben ist, daß Ihre **Kayserl. Majest.** als ein gerechtester Fürst, an dergleichen Mißbrauchung Ihrer Kayserl. Authoritet ein Belieben haben können wann Ihrs alles umständig vorgestellet, und in specie zu Gemüth gezogen wird, daß die **beyden Cronen**, wider welche Dero Durchläuchtiges Ertz-Haus in Italien, der Spanischen Succession halber, dermahln Krieg führet, mit Ihro als Kayser, und mit dem Röm. Reich in keinem Krieg begriffen, noch denselben etwas zu entziehen, oder sie zu beunruhigen veranlassen, und dahero uns so wenig als andern Churfürsten und Ständen des Reichs verbotten ist, zu unserer Landen Rettung und Sicherheit, und um das Röm. Reich bey den Rißwickischen Frieden erhalten zu helffen, mit obigen Cronen uns in Aliance dergestalt einzulassen, daß doch Ihro Kayserl. Majest. und das Reich ausgenommen, und diejenige Pflichten, womit wir ihnen zugethan, ausdrücklich vorbehalten, auch unsere Trouppen nicht wider **Hochged[achtes] Ertz-Haus**, noch sonst zu einiges Fürsten oder Reichs Standes Beleidigung, sondern allein zu unserer Verwahrung vermehret, und das ferne nöthig befundene auxiliar-Volck eingenommen worden; daß man also bey Ihrer **Kayserl. Majest.** und dem Reich uns auf keine Weiß

| 558

mit Warheits-Grund nachsagen kann, wie doch obangezogene Patenten deutlich im Mund führen, ob hätten wir durch unzuläßige Einnehmung obgedachter Besatzung unsere von **Ihrer Kayserl. Majest.** und dem Heil. Röm. Reich zu Lehen tragende Städte und Plätze ohne geringste Noth ausländischer Gewalt übergeben, und von dem Röm. Reich ab- und unter Frantzösische Macht gesetzet, inmassen wir hierinn dem Exempel des Herrn Churfürsten zu Pfaltz L[ie]bd[en] gefolget, welcher mit Einführung der gantz frembder General-Staatischer Trouppen auf den Reichs-Boden, zu unserer Landen grösten Gefahr und Unsicherheit, den Anfang gemacht, und uns dermassen zu umgeben und einzusperren getrachtet, daß wir in der äussersten Noth, nachdeme all unser remonstriren und Ansuchen, bey deroselben umsonst, auch bey andern nechstgelegenen Reichs-Creisen keine zuverläßige Hülffe zu gewarten gewesen, Nothdringlich gezwungen worden, des Löbl[ichen] Burgundischen zum H. Röm. Reich gehörigen, und mit denselben in keinen Krieg begriffenen Creises Beystand anzuruffen [...]

1702 März 01 Kurfürst Joseph Clemens: Antwort[27]

Von GOttes Gnaden Wir Joseph Clemens etc. etc. Es ist durch unser Churfůrstenthum Cŏlln, ja in und aussern Reichs viel zu bekannt, was von dem Kayserl[ichen] Reichs-Hof-Raht fůr unverschuldete harte Mandata Inhibitoria und Avocatoria aus vielen sich in der That immermehr befindenden und andern unzulånglichen Ursachen wider uns ergangen, so diejenige, welche von der Sachen wahrhaffter Bewandnůß keine gnugsame Kundschafft tragen, und von Seiten unseres Dohm-Probstens und Thesaurarii zu Cŏlln unter dem Nahmen eines Kaiserl. Gevollmåchtigten, als von verschiedenen Orten her vielfåltig beångstiget werden, leichthin ungleich einnehmen, und sich dadurch von ihren Hof-Civil- und Militår-Bedienungen, oder von ihrem aus Pflicht-schuldigen Gehorsam, zu ihrer schwehren Verantwortung, abwendig machen lassen dŏrffen.

Indeme es jedoch mit solchem wider uns ohne des churfůrstl[ichen] collegii und gesamten Reichs Wissen und Willen, und zur Zeit, da der Burgundischen Crayß mit dem Heil[igen] Rŏm[ischen] Reich in keinem Krieg begriffen, noch daß selbige zu beunruhigen sich im geringsten veranlasset, ausgefertigten Mandatis eine solche Beschaffenheit hat, dass sie Krafft der Reichs-Grund-Satzungen, und in specie der Kayserl. Wahl-Capitulation fůr todt und nichtig zu erachten sind, und es an deme hafftet, dass wir nicht nur darwider den Recurs zum såmbtlichen Reich, wohin die Sach gehŏret und fůrnehmlich zum Churfůrstl. Collegio nehmen, sondern auch unsere Unschuld sowohl bei Sr. Kayserl. Majeståt selbsten, als sonst hiernåchst mit allen Umstånden auff eine solche Weise an Tag legen wollen, dass verhoffentlich jedermann, deme die Beybehaltung, deß durch den Riswickischen Frieden so theuer erworbenen Ruhestandes in Teutschland einiger massen angelegen, die von obangeregten Reichs-Hof-Rath von der Execution, und ohne darzu vom Reichs wegen habenden Gewalt ganz widerrechtlich und nichtig angefangene Procedur so wenig abprobiren, als fůr billich und recht erkennen wird,

so tragen wir keinen Zweifel, es werden unsere ganze Land-Stånde, hohe und niedrige Hof-Zivil-und Militår-Bediente auch Untertanen, was Nahmens und Condition sie seyn mŏgen, von ihrer uns eydlich gelobten Devotion umso weniger abstehen, als wir ůber alles solche Satisfaction geben, und sie dabey dergestalt vertretten werden, dass Ihre Kaiserl. Majeståt und das Heil. Rŏm. Reich unsere bißhero gefůhrte untadelhaffte und heilsame Intention gut heissen, auch ihrer Beståndigkeit mehr zu růhmen, als sie deshalben in Ungnaden anzusehen Ursach haben werden.

Halten uns auch wider alle diejenige, so nach Anleitung besagter ohne Vorbewust und Einwilligung des Heil. Reichs in eine das Durchl. Ertz-Hauß allein betreffenden Sach ungůltig ergangener Mandatorum jemanden von den Unsrigen Ehr, Gut und Eigentum einigen Nachteil zuzufůgen sich unterstehen mŏchten, und fůrnehmlich wider den Bischoffen zu Raab, welcher mit Hindansetzung des geschwohrnen Respects und Gehorsam unter seinen Coperten und Pitschafften[28] allein obberůhrte Mandate aller Orten hier im Land und durchs Reich zu

---

[27] (Theatrum Europaeum 1701-1703, 1717, S. 682), zeitgenössischer Druck, Fundstelle: UB Augsburg; ebenso in (Faber, Europäische Staats-Cantzley, 1708, S. 550 ff).
[28] Coperten (oder Couverts) sind Briefumschläge; Petschaft: Ein Stempel, der zum Siegeln benutzt wurde.

möglichster unserer Verunglimpfung und Bestürzung unserer Ståndern, Bedienten und Landes Untertanen, mit unbeschreiblicher Animosität ausgestreuet, unsern genughafften Regress bevor, und setzen zum Allerhöchsten, dessen Augen nichts verborgen, und welcher der Belohner des Guten, und Straffer aller Ungerechtigkeit ist, die Zuversicht, dass er uns in einer so billichen Sach, worin wir nichts, als die Manutenirung des allgemeinen Reichs-Friedens, und die Ruhe, Rettung und Sicherheit unserer Landen, gar nicht aber die Beleydigung einiges Menschens auff die Weise, wie es so wohl von dem natürlichen Recht, als von dem alten und neuen Reichs-Fundamental-Gesetzen im Falle der Noth und anscheinenden Gefahr allen Churfürsten und Ståndern des Heil. Reichs erlaubet ist, vorgehabt noch immer vorhaben våtterlich beystehen werde:

Und wollen, dass diese auffrechte Erklåhrung in unserm Rheinischen Ertz-Stifft, und Herzogthum Westphalen, durch offentlichen Druck jedermånnlichen, deme es zu wissen gebühret, und sonst auch zu Wien, Regensburg und anderstwo im Röm. Reich, da es dienlich kund gemacht werde.

Geben in unserer Residentz-Stadt Bonn, 1. Martii 1702.

1702 April 07 Josef Clemens an Max Emanuel von Bayern[29]

Endlich ist das Wetter losgebrochen und die schon lang erwartete ruptur mit dem erfolget, das heut frühe die ienseits Rheins von mir gehabte Dragonerfeltwacht bis unter die schanz poussirt worden ist, welche attaquirt worden von 3 escadrons, dise aber in 8 Mann bestanden, dan die Vedetten und noch einige von denen sonst aldahin comendirten 15. Mann abwesend gewesen. Der Cornet, so ein Berloo ist und mein Knab gewesen, hatt das Pferdt unter ihm verlohren und seinen Mantell, welches der ganze schadt ist, der geschehen ist. Ich habe allso balt einen Trompeter zu denen commendierenden Officieren geschicket und ihn fragen lassen, was dise ohnvermuthe attaque bedeutte, da doch wür noch in frieden leben, worauf der Comendant zu Siegburg dises ahn den St. Maurice geantwortet, so ich E[uer] L[iebden] hier beyschließe. Als aber ich vermeint gehabt habe, das mit diesem lermen alles gethan sein werde, so mus ich eben iezo auch vernemen, das dieseits Rhein schon einige feindliche escadrons ringsumb die statt sich schlossen, dahero dan mich augenblicklich von dem Creuzberg - wo ich mit der Prozession gewesen - retirirt habe. Und nun vernemen mus, das zwischen hier und Brüell ein von den Franzosen dahin comendirtes Detaschement d'Infanterie aufgehebt worden, wovon der Lietenant todt geblieben, das Detaschement das ist von 50 Mann gewesen. Und 3 escadrons en rose Compagne haben attaquirt. Ich kan nicht mehr von hier aus, dan schon umbringet bin, dahero vor alles was erfolgen kan, ich mich E. L. hohe gnade und brüderliche assistenz recommendire.

---

[29] Fundstelle: (Braubach, 1925, S. 223); nach: Münchener Geheimes Staatsarchiv: Kasten schwarz 46/17.

1702 Juli 13 Josef Clemens an Max Emanuel[30]

Größtenteils chiffriert, Zahlenchiffre; Auszug.

Euer Liebden wehrtigstes Schreiben unter dem 1. Juli habe ich nun selbst dechiffriert, indem ich niemandt solches ahnvertrautt habe, umb E[uer] L[iebden] des secreti halber schuldige folg zu leisten …

Die Hauptmaterie aber ahn sich selbst ahnbetreffend, so gestehe ich frei, das Frankreich mit Churbayern und mit mir etwas cavalierement bishero umbgangen und billich nicht die große propension von uns beiden meritirn, die Frankreich nun von uns beiderseits genießet. Allein wan E. L. mir erlauben, das ich Recht ihnen als ein wahrer treuster Bruder … von der Brust sprechen darf, so melde ich in schuldigem Respekt, das vor allem ich E. L. bitte, dieselbe wollen Churbayern und Churcôlln interesse nun iedes particulariter betrachten und darauf den großen Underschidt betrachten; dan E. L. vors erste mit dero Landen nun in einer so glikseligen postur stehen, wodurch Gott sye durch die auf den peinen habente armee von 25000 Mann gesetzt hatt, das billich dieselbe nur hoch sprechen kônnen und dahero ihnen, dem ganzen Churhaus und dero Landt und leithen uhnschâtzbahre avantage procurirn kônnen. Das contrarium aber in allem disem zeiget sich leider nun bey mir, worin ich ohn verschulter gleichsamb bey den hâren durch meine eigne feindt darzu gezogener eingeflochten worden bin, wie E. L. genugsamb bekannt, und es ein Iberfluß were, solches hier weitteres auszuführen. Weillen allso dann diser große Underschidt sich zwischen uns beiden zeiget, so sehe ich nicht, wie ich nun meinerseits, der ich in denen Clauen der Frantzosen vôllig steke, ohne total ruin aller deren von Gott mir ahnvertrautten landt und leithen, eine andere parti ahnnemen kunte, als welche ich nun bereits habe, dan die Vernunft es gibt, das so gering als nur die Frantzosen einen windt davon bekometten, das ich wankete, ich meiner selbst eigner person nicht versichert were. Ja Landt und Leidt mit feuer und schwerdt verberget wurden.

E. L. betrachten allso, ob ich nun im standt bin, denen Frantzosen den Eingang in Bonn zu verwehren, da die infame desertion meiner Infanteri ihnen gleichsamb zu einen procurator dienet, solches mit Fug pretendirn zu kônnen, indem durch dises contretemps ja Bonn in größter Gefahr stehet, verlohren zu gehen, zweittens so sehe ich ewenmäßig auch nicht, nachdem ich alle Zeit den Wûllen erzeiget, in das Feld zu gehen, zwahr dannoch umb den entsatz von Kaiserswerth zu tentirn, wie ich nun mich von dem ahngetragenen commando lânger entschlagen kan. Indem dise armee einzig und allein wegen der defension der côllnischen Lande ahngesehen, Churcôlln auch in seiner Allianz ahn dem 14. articul solches ihm ausdrücklich stipuliert hatt; wan nun Churcôlln in dem procinctu der execution dises articels nicht marschirn wollte, da doch meine Bagage schon alles parat stehe und der Mangl an Fourage vor meine cavallerie mich wekhtreibet, so lasse ich E. L. umb Gottes willen selbst betrachten, ob hierdurch mir nicht selbst das Messer ahn die Kehl setzen und mithin ombrage bey Frankreich geben wûrde, dan wan auch hier ich keine trouppen einnemete und jedoch unterdessen mit dem Kaiser tractiren wollte, so ist ja sonnenklar nicht desto weniger der ruin meiner landte und sonderbahr Lûttich vor âugen, welchen zu verhûtten nun mir mein gewissen ahndictieret, das ich allen Personal schagrin solchen schon sacrificirn mus und blos und

---

allein mich ahn gegenwertige Conjuncturen halten, welche gewiß mir nicht verbessert wůrdte, so E. L. des Kayser party embrassiren theten, dan die wenige egard, so der Kayser und Frankreich vor Churcőlln noch zur Zeit haben, gewiß wegen E. L. und nicht wegen meiner sye tragen. Dan glauben E. L., da so balt die Frantzosen das geringste merken werden, daß Bayern wanken will, wie bereits schon ihnen der hundt vor dem Licht umbgehen will, sye Churcőlln so vůll Compliment und guett Wort geben werden, umb Bonn mit burg[undischen] Krays-trouppen zu besetzen, darvon bin ich gewiß des contraire par avance versichert. Und merkhe ich schon ohne dem, das seithero die Frantzosen den Pakt erkennen, so selbe in das argument gemacht haben, wegen des vicariat der spanischen Niderlandt, sye in 1000 Engsten wegen E. L. stehen und alles in der Welt darum gebeten, das es nicht geschehen were, wie dann sye alle Schult auf die Spanier hinůberschieben, und hatt mir der Gesandte und andere Frantzosen selbst mir gesagt, daß dises nichts anders als eine enfance du Roy d'Espagne seye, la quelle sůrement le Roy de France reparera à S. A. E. de Bavière. Ich merkhe auch seither einigen tagen hero bey ihnen eine große inquiétude, so selbe mit mir zeigen: sye geben mir auf das gesicht, die åugen auch alle Schritt und Tritt acht mehr als nie, und alle Posttag von Můnchen erkundigen sye sich mit großem embressement bey mir, umb von E. L. Zeitungen zu wissen, worvon aber ich ihnen gewis nichts anderes sage, als was in die Zeitungen kommt. Ich thue zwahr noch in meiner froideur und fiertée continuieren mit der besten contenance von der Welt, aber Gott, der mir in das Herz sihet, weiß es, wie umb solches mir ist. Sol-chemnach so sehen E. L. ja scheinbahrlich, das ich meines willens nicht mehr meister bin, welches gewiß alle Zeit gewesen und geblieben were, so meine feindt durch ihre ohngerechte precipitanz und proceduren darzu mich nicht mit meinem gröften schagrin getrieben hetten, wodurch nicht nur allein sye mir selbst die fåsl, ahn welche ich nun gebunden, ahngelegt, son-dern auch mir den wegg durch die Irregularitet ihrer wider das ius gentium, wider die ge-rechtigkeit und wider die fundamental Reichssatzungen ibereilte Verfolgungen allso verhautt haben, das nun, so gern als sonst ich auch imer wollte, nicht mehr zurůckkomen kan.

Dan wer wůrdt nun mir die durch das kaiserliche mandement abgenohmene Ehre wi-der restituirn ? wer wůrdt das zu einem steinhauffen gemachte Kaiserswerth mir wider er-bautbar einliffern ? Wer wůrdt mir das genohmene fourage in meinem landt und andere ex-torsionen widerherbeyschaffen ? Wer wůrdt mir satisfaction gewen wegen der Insolenz mei-ner Capitl, der statt Cőlln, ståndte und der ohnertråglichen Lantsvereinigung Confirmation ? Und letzlich wo und woher solle ich meine trouppen erhalten und meine Camergefåll ziehen ? Alles dises sindt preliminaria, welche insurmontable difficulteten hervorbringet, dahero di-ser wunden kein pflaster zu finden weiß. Worzu aber noch zum Iberfluß das allerergiste und letzte schagrin kommt, wan man erkennt, daß man nicht zurůck kan und zugleich sihet, wie schlecht einen seine eigenen Allyrten halten, welches ja gar insuportable sein wůrde, wan Churbayern mich verlassen sollten. Solchem nach so falle ich E. L. mit tråhnen in den Augen zu dero fůßen und bitte dieselbe, das wan auch Sye dero convenienz zu sein es finden wůrden, sich vor den Kaiser zu declarirn, E. L. wollen wenigisten solche conditiones vor meinerseitiges Interesse stipulirn, das ich nicht totaliter von denen feinden zu boden gesetzt werde, dan ja E. L. derjenige gewesen, die mir zu diser allianz nicht allein gerathen, sondern sogar mich deswegen nacher Brůssel beschriben, solche aldort zu tractirn. Freilich ist aus schult und all-zugroßer pressanz seiner selbsten, nemblichen des Kőnigs in Frankreich seither damahliger Zeit das Spill grob verderbt worden, so ohnfehlbar gewungen gewesen were, so man nicht so vill ohnwiderbringliche avantage recht muethwilligerweis verlohren hette, allein ahniezo ein-mahl à so. Und so man ahn seitten Frankreichs dise perplexitée hette vorgesehen, wůrde es gewiß nie so weith komen sein, dahero ich nun mehr zu beklagen als zu beneiden bin. Setze mich allso unter E. L. große protection und erwarte gånzlich dero brůderliches geblůeth, gewissen, glori und gerechtigkeitt werde ja nicht zugeben, das E. L. einziger, aber getreuister Bruder von eben ienen allso mit Fůßen getreten werde, mit welchen sye nun in tractaten eintretten wollen. Meine gehorsambste bitt extendire ich zwahr nicht so, das ich begehre, das wegen meiner E. L. dero hohe Person, Churhaus und landt imb geringsten nicht prostituirn oder in Gefahr eines ohngemachs setzen sollen, aber iedoch mache ich mir die Hoffnung, E. L. werden wenigstens der Regell *quot tibi non vis fieri* etc. folgen wollen, sonderbahr vor einen Bruder, welcher sein ganzes zeitliches Leben E. L. allein nach dero wůllen wider seinen selbst eignen nicht allein sacrificirt hatt, sondern auch noch långer solches E. L. gern sacrificirn wollte, so es in seinen machten stundte. Und die erste Obligation vortrungete, welche ich vor die mir ohngesuchte aufgetragene Kirchen schuldig bin nun leider zu erweisen. Disem allen aber ohngeacht wůrdt mir die grôßte gnadt von der Welt sein, so E. L. mir dero freundbrůderliche Sentiment in engstem Vertrauen erôffnen wollen und vielleicht hierdurch mir einen wegg zeigen, den ich zur Zeit noch nicht finden kan und auch noch vůll weniger zu suchen wůßte. Dises aber muß so geheimb geschehen, das auch der athemb sozusagen aus dem mundt nichts davon merkhe.

Dahero L. E. mir vor nun es nicht veribeln můssen, das ich ohn einzige egard in meiner bisherigen conduite mit meinen allyrten vortfahre, umb keine mesfiance bey ihnen von mir zu erwekhen, so das einzige ohnglick were, so mir noch abgienge, dan kein håndt von einem Hefftnagel hinwekhzuziehen, bis man nicht in der andern handt einen andern fest haltet, sonst fallet man gewiß. E. L. bitte ich allso indessen, sye wollen wenigistens mir diso gnadt thucn - so E. L. es zu verhindern ihnen getrauen -, das zwischen Maass und Reihn heuer nichts offensives vorgenommen werden môge. Vielleicht kan hierdurch es sich schikhen, das kůnftigen winter die feindt auch nicht so hoch sprechen werden, als dermahlen, dan E. L. wůssen, das allemahl das erste Jahr Frankreich bei denen vorigen Kriegen gar ohnglicklich gewesen, bis alles recht en train ist, die andre jahr aber hernach sye es redlich wider hereingebracht haben. Und darf ich E. L. - aber in hôchster geheimb - versichern, das Jůlich ehistens wirdt belagert werden. So ewen wider mir ein neue brillen auf die nasen ist, das ich mich nicht rihren darf. Iber das so ist gewiss, das iber 50 neue Bataglions ahn heuer in Frankreich nun geworben worden, solchemnach merklich und umb ein Nahmhafftes die frantzôsische Macht auffs Jahr wůrdt versterket sein. Zudem so kan sich balt eine Verenderung geben in Jenem - so ich zwahr nicht wintschete und Gott verhietten wolle -, wovon ich in meinem mit letzterer Post abgehenten schreiben E. L. parte gegeben habe und zwahr wegen des Rômischen Kônigs, wer were alsdann abderst, auf des caroli magni stuell zu setzen, als eben ienen, der davon her kommt, nemblich E. L., dahero meiner einfåltigen Meinung nach ich ohnmaßgeblich vermeine, E. L. sollen sich nicht ibereillen und ein party nemen ietzo, maßen selbe mit dero dermahligen indifference ohne dem kein schônere und gloriosere halten kônnen. Dan so diser fahl geschehen sollte, wahrlich niemandt als Frankreich E. L. die rômische cron aufsetzen kundte, dahero solchemnach nicht vor den kôpf zu stoßen seye. Und bitte ich E. L. nur ein wenig zurůckzudenken, wie vůll E. L. vom Kayser versprochen worden und wie wenig E. L. darvon gehalten worden, da doch niemandt mehreres merite beim Kayser als E. L. gehabt hatt, dahero das futurum nicht dem presenti vorzuziehen ist. E. L. aber verzeihen mir, das ich die Kůnheitt nime in so importanten Sachen E. L. meinen einfåltigen, aber getreuesten Rath vorzustellen, allein der allzu große brůderliche Eiffer, welchen ich vor E. L. und des Churhauses Wohlfahrt trage, hatt hierzu mich ahngespornt, hoffe deshalben, E. L. werden dise Vermessenheit mir nicht allein in ohngnaden nicht aufnemen, sondern dadurch noch besser meine devotion erkennen ...

Im ibrigen so verstehe ich nicht, was E. L. sagen wollen, das sye von meinem desiderio schon einen windt haben. Indem ich mich gegen niemandt imb geringsten herausgelassen, bitte also E. L. geruhen sich disfalls was näheres zu explicirn. Wan aber E. L. einen sichern wegg mir zu ereffnen wůsten, einige conditiones zu setzen, so weren es folgente:

1. primo: weilen die größte Uneinigkeit in meinem Cöllnischen land von der landvereinigung und zu Lůttich von der sogenannten frid de Fexhe zwischen mir und meinen Thumbkapitel zu Cölln und Lůttich und ibrigen landstånde herrihret, welche dadurch sich wider ihren landsfůrsten continuirlich empören und ihn gleichsamb unter sich zu bringen suchen, so mů te vorwurffs die hiesige landsvereinigung nach der Vernunft und dem Reichsrecht eingerichtet, der friden de fexhe aber totaliter cassirt werden.

2. zweittens: damit ich auch kůnfftighin bey meinen ertz- und hochstiftern Cölln und Lůttich mit respect und ruh stehen möge, so wůrdt auff ein mittel zu gedenken sein, wie der Bischof von Raab, Hertzog von Croy, Eschenbrender, zwey becquerer, damen, sierstorff und Mehring von cölln und die zwey Mean, outremont, blisia, winsoul und la Naye von littich so gleich wůrklich hinwekhgebracht und gleichwohlen anderst - wo so guett als es sein kann und geschehen mag, mit geistlichen Digniteten und beneficien versehen werden mögen: dan ich einmahl mit disen leithen nicht mehr unter einem tach stehen, noch friedlich regieren kann.

3. drittens: eine eclatante reparation meiner ehr, die vor der ganzen Welt gar zu hart vom kaiserlichen Reichshofrath ahngegriffen worden, da ich doch anders nichts gethan, als wessen ich zur defension meiner landen und leithen befuegt gewesen, und weillen Churpfaltz und die Statt Cölln hierzu viel contribuirt und mir den iezigen Kriegslast auff den hals gezogen, auch unter wehrenter Zeit mir allerhand ohnverschmerzliche torten ahngethan, so mueste mir wenigstens von der Statt Cölln eine erkleckliche satisfaction verschafft und sie zur reichung einer ahnsehnlichen summa gelds von drey mahl 100000 reichsthalern gleich iezundt ahngehalten werden. Wegen Churpfaltz aber verlangte ich nicht mehr, als das auff der andern seitten des Rheinstrombs er mir von seinem land zu meinem fort de Burgund, welches zu Bedeckung meiner Residentzstatt bestendig conservirt bleiben solle, so vůll terrain undern Canonen liege, abtrette *salvis quibuscumque praetensionibus*, die mein Churfůrstenthumb sonst gegen ihn und sein Landt hatt und deren ich hiermit nicht verzůhen haben, sondern deren ehiste abmachung ehistens hoffen wůll.

4. Viertens: indem meine landt dergestalten erschöpft, das ich zu meiner kůnftigen subsistenz auff eine geraume Zeit das wenigste daraus erheben, auch wegen meiner wider mich verbitterte Thumbkapitel zu Cölln und Lůttich und übrige Landstånde, und zur Erhaltung meiner Vestungen und Landen, als werden Ihre Kaiserl. Majeståt mit zuthun von Engelland und Holland mir von dem tage des geschlossenen tractaten monatlich auf neun Jahr lang fůnfzig tausend Reichstaler und zwahr mit anticipierung allezeit zwey monaten richtig an Hand gehen und dariber zuverlässige caution und Sicherheit stellen, meinen landten aber mit allen assignationen und Winterquartiern verschonen, bey den durchzigen alles paar bezahlen, auch mein landt und vestungen mit meinen trouppen allein besetzt lassen und bey - wider Verhoffen - entstehenden

gemeinen Reichskrig von mir mehr nicht als die Stellung des nach dem matricularfuess mich betreffenden contingent *pro defensione imperii dumtaxat*, und nicht zu einem Offensivkrieg wider zwey Kronen, die mir viel guets gethan haben, begehren wollen. Wie wohlen es für mich und meine länder der ohnglickseligen situation halber noch besser were, wan sie in beharrlicher vollkommener Neutralität stehen könnten.

5. Fünftens: Kayserswerth soll mir mit allen Rechten und zugehörungen, auch aldortigen zollen, licenten und anderen augenblicklich, ohne einigen ahnstandt und was vorwandt es auch imer sein möchte, eingeräumbt, entfirten canonen und was sich sonst imediate vor der Belagerung darin gefunden zurückgegeben, zur reparation des vestungsbaues aber die nötigen Kosten par avance erstattet werden.

6. Sechstens : Churbrandenburg, Holland und Münster sollen sich ihres Zuspruchs auf die in meiner Stadt Bonn noch ihrige unter ihnen repartirte Artillerie auf ewig verzeihen und hiervon der Kayser garand sein.

7. Siebentes: Auf das ich entlieh auch vor mich was eigness und von meiner freyen disposition dependierendes haben möge, so verlange ich von dem Kayser ein stück landt, so ihro zu geben leicht fallen, mir aber zu einem sonderbahren soulagement gereichen würdt, massen der Kayser ohn dem ihre liberalitet gegen iedermann so rühmblich erweisen und ich bishero gantz unschuldig gentig darfür ausgestanden habe.

Ich weiß also nicht, ob ich Recht meine Generalbeicht E. L. abgelegt habe, wie sye es mir ahnbevohlen haben, ohne scheuh ihnen mein ahnliegen zu klagen ...

P. S. Der erwarte Courir ist noch nicht kommen, solle aber heut geschehen; ich versichere E. L. iedoch indessen, daß es ahn mir nicht fahlen solle zu trenirn, so lange als ich imer möglich mit fueg werde können ohne ein ombrage bey den Frantzosen zu geben und mich das fourage van Bonn nicht wekh treibet, umb ienes zu vollziehen, so E. L. von mir verlangen ...

1710 [Imhoff:] Neu-eröffneter Historischer Bilder-Saal[31]

Neu-eröffneten | Historischen | BILDER-SAALS, | Sechster Theil. | Das ist: | Kurtze, deutliche und unpassionirte | Beschreibung | Der | Historiae universalis | Enthaltend | Die Geschichten, so annoch unter dem glorwürdigsten Kaiser LEOPOLDO I. biß auf die Regierung Kaisers | JOSEPH I. | in Europa, auch sonsten in der Welt, sich hin und wieder zugetragen. | Alles mit vielen Kupffern ausgezieret und vorgestellt; samt einem vollständigen doppelten Indice, der erste Rerum et Verborum, der andere Materialium. | Mit Röm. Kaiserl. Majest. allergnäd. Freyheit nicht nachzudrucken. | Nürnberg | Verlegts Johann Leonhard Buggel. | Druckts Melchior Gottfried Hein. | Anno MDCCX. |

| 225

---

[31] (Imhof, 1710), zeitgenössischer Druck, Fundstelle: Bayerische Staatsbibliothek München, Signatur H.un. 297-6; VD17 12:206658P; VD18 90086147.

Trubeln im Churfürstenthum Cöln.

Das meiste Aufsehen gab es dieses Jahr [1702] an dem Unter-Rhein, wegen der Chur-Cölnischen Aufführung. Dieser Printz, welcher des Chur-Fürstens von Bayern Bruder, hatte mit selbigen die Frantzösische Alliantz unterzeichnet, und sich anheischig gemacht, Frantzösische Trouppen in sein Land zu nehmen; von dieses Königes

| 226

Geld eine Armee zu richten, und seines Bruders Beginnen in dem Vornehmen im Ober-Teutschland secundiren zu helffen. Er hatte schon sieben Regimenter, und wollte deren noch drey richten, weswegen er von dem Lande grosse Contributiones ausschrieb. Die Stände aber berufften sich auf ihre Privilegia, Krafft deren sie, ohne Verwilligung, nichts zu geben schuldig, und verlangten zu wissen, warum der Chur-Fürst sich so sehr, ohne Noth, armirte. Dieser schrieb aber die Contributiones eigenmächtig aus, worgegen das Land den 1. Octobr[is] ein anderes entgegen, worinnen er die Stände vor seditios erklärte. Hierauf besetzt er die Ve-stung, legte Magazinen an, und nahm Frantzösische Commendanten, an statt der Teutschen, in die Plätze. Der Hertzog von Sachsen-Zeitz, und der Englische Gesandte Gallowai, bemüheten sich hier vergebens, dem Chur-Fürsten, welcher von seinem Frantzösisch-gesinnten Cantzler, Baron Karg, gäntzlich dirigirt wurde, von der Frantzösischen Seite abzuwenden, und mit denen Land-Ständen wieder zu vereinigen, deswegen erhielten diese an dem Kaiserlichen Hof scharffe Mandata gegen ihn, und endlich auch den 17. Decembr[is] ein Reichs-Protectorium, zumahlen zuvor, bey Einrückung der Frantzösischen Völcker, der Chur-Fürstdeutlich zu erkennen gab, was er gegen sein eigenes Vatterland vorzunehmen gesinnet; Der Westphälische Craiß hatte, wegen anscheinender Gefahr, fünff tausend Mann in Cöln gelegt, und Chur-Pfaltz nahm in den Jülischen und Bergischen Landen, wo einige Vermischung mit Cölnischen Unterthanen ist, zu seiner Sicherheit, Holländische Truppen ein.

Der Churfürst nimmt Burgundische Craiß-Völcker ins Land.

Hierwider schrie Chur-Cöln auf dem Reichs-Tage, als wann seine Sicherheit in Gefahr stünde, ungeachtet es zu des Reichs Besten, und mit des Kaisers Bewilligung geschehen. Der General Tallard ware schon mit einem Frantzösischen Corpo in der Nähe, welcher den 22. Novembr[is] auf des Chur-Fürstens Erheischung, mit sechszehen tausend Frantzosen, unter dem Nahmen

| 227

Burgundischer Craiß-Trouppen, einrückte, und die Plätze Kaiserswerth, Zoons, Neuß, Rheinbergen, Ordingen, Kempten, Masseic [=Maaseik], Lüttich, S. Truyden, Tungern, Hasselt und Huy, ausser dem eintzigen Bonn, besetzten. [...] Wegen der eingenommenen masquirten Burgundischen Trouppen entschuldigte er sich, daß es Freunde, weil Burgund zu dem reich gehörte, und er bey Freunden Sicherheit suchen müssen, nachdem die Holländer in seine Nachbarschafft eingerückt, auch seine Lands-Stände an dem kaiserl. Hof Mandata gegen ihn erhalten. Er gedächte bey dem bevorstehenden Krieg neutral zu bleiben, und wie dieses Volck unter seinem Commando, so wolle er es ausschaffen, wann er gnugsame Sicherheit hätte.

| 409

Begegnenheiten am Unter-Rhein.

An dem Nieder-Rheine continuirte [1702] Chur-Côln sein mit Franckreich habendes Verståndnus, die Vestung [Bonn] blieb mit Frantzôsischen Vôlckern besetzt, und der Kaiser

| 410

und das Reich fande sich also gemůssiget, sich in einen gehôrigen Stand zu setzen. Der Bischof von Raab, welcher das Kaiserliche Interesse zu Côln beobachtete, muste den 5. Febr[uarii] ein Kaiserliches Mandat [siehe Seite 16] insinuiren, wodurch der Chur-Fůrst von der Frantzôsischen Parthey abgemahnet, oder aller Reichs-Regalien verlustig erkláret ward. Allein dieser sonst kluge Printz gab vor, es håtte dieses keinen Effect, weil es ohne Vorwissen der Chur-Fůrsten publicirt worden, und weil es auch seiner Unterthanen Pflicht gegen ihm aufhob, so declarirte er solches den 1. Martij, durch einen ôffentliches Patent, vor ungůltig und nichtig.

[...] Die Frantzôsischen Insolentzien waren nicht nur dem Rheine, durch die Besetzung der Côlnischen Orte, unertråglich, sondern sie fiengen dem Frantzôsischen Chur-Fůrsten

| 411

selbst an, beschwerlich zu fallen, sie zogen von dem Lande grosse Contributiones, nach eigenem Gefallen, und nahmen in dem Ertz-Stiffte denen Einwohnern das Ihrige mit Gewalt, endlich verlangten sie so gar in die Côlnische Residentz-Stadt Bonn Frantzôsische Garnison zu legen, welches der Chur-Fůrst doch noch abschlug, biß er es, da er sahe, daß seines Bleibens in Teutschland nicht mehr wåre, aus Verdruß gegen sein Vatterland, zugestand.

1702/03 Ereignisse in Kurköln[32]

Den Einwohnern von Bonn wurde befohlen, sich auf ein Jahr mit Proviant zu versorgen. Gegen den Willen der französischen Offiziere wurde es den Bonnern erlaubt, die Stadt in Richtung Köln oder Koblenz zu verlassen – allerdings mussten sie Wein und Früchte zurücklassen. Kurfürst Joseph Clemens' Truppen plünderten und brandschatzten im Rechtsrheinischen: Mülheim, Dünnwald, Lülsdorf und Siegburg. Am 12.10.1702 ging Joseph Clemens von Bonn über Adenau und Stadtkyll nach Luxemburg, später nach Namur; Bonn überliess er den Franzosen: „Er wolte doch lieber ein Sclave des Königs in Franckreich, als seine Dohm-Capituls sein." Nunmehr übernahm das Domkapitel die Regierungsgeschäfte in Kurköln. Auf der Seite der Allierten nahm der Erbprinz von Hessen-Kassel am 16. November Andernach, Linz, Remagen, Sinzig, Oberwinter ein. Der kurkölnische Offizier in Andernach, mit Namen Salzfass, ging mit seiner Kompanie auf die französische Seite; der Bonner Kommandant d'Alègre bedrohte jeden deutschen Offizier, der die Seiten wechselte, mit der Todesstrafe.

---

32 Zusammengefasst aus (Theatrum Europaeum 1701-1703, 1717, S. 689 ff).

1702 Okt 12 Kurfürst Josef Clemens: Rescript[33]

Europäischer | STAATS-CANTZLEY | Siebender Theil: | [...] Insonderheit | Was sowohl wegen der Chur-Cölnisch- als auch Chur-Bäyerischen Unruhen im Röm[ischen] Reich nebst der andringenden Kriegs-Gefahr passiret [...] | dargestellet von | Antonio Fabro, | Historiographo. | Zu finden bey Moritz Hagen. | Anno MDCCIII. |

Chur-Cölnisches Rescript, an die Land-Stånde im Stifft Cöln, und des Westphålischen Creyses, sich an den Cantzlar Karg zu halten.

Von GOttes Gnaden wir Joseph Clement, Ertz-Bischoff zu Cöln, des H[eiligen] Röm[ischen] Reichs durch Italien Ertz-Cantzler etc. etc. und Chur-Fůrst, des Heil. Apostolischen Stuhls zu Rom Legatus natus, Bischoff zu Hildesheim, Regensburg und Lůttig, Administrator zu Berchtesgaden.

Es hat unser Rheinisches Ertz-Stifft sowol als unser Hertzogthum Westphalen, biß zur Stund in der That erfahren, wie eiffrig wir uns bey gegenwårtig hôchstgefåhrlichen und weit aussehenden conjuncturen deren Wolfahrt und Sicherheit zu Hertzen gezogen; von welcher våtterlicher Sorgfalt und Treue wir nimmer ablassen, und in unserer kurtzen Abwesenheit nicht minder, als zur Zeit unserer persöhnlichen Gegenwart alles dermassen veranstalten wollen, damit in Geist- und Weltlichen, auch Justiz-, Cameral- und Kriegs-Sachen jedermånniglichen der Weg und die Gelegenheit offen stehe, zu einer Satisfaction, so viel immer möglich, zu gelangen, zu welchem Ende wir unsern Vicarium in spiritualibus Generalem in unsere Stadt Cöln, dann hier unsere Hof- und Hof-Cammer-Raths Collegia bestândig halten, auch

| 522

Mit unterlegten Pferden solche Befôrderung thun wollen, daß eines jeden klag oder Anbringen in 24 Stunden vor uns, und unsere resolution in eben so viel Zeit zurůck soll gelangen kônnen; Damit auch in der geringen Zeit, die wir in unsern Fůrstenthum Lůttig aus erheblichen Ursachen zuzubringen gedencken, jemand beharrlich in unserer Residentz Stadt Bonn sich befinde, bey welchen alle so wohl hohe als niedrige Standes-Personen und Unterthanen Trost suchen mögen:

So haben wir unserm Staats-Ministro und Obristen Cantzlarn, Baron Karg von Bebenburg gnådigst aufgetragen, Er auch treu-gehorsamst übernommen, in öffters besagter unserer Residentz-Stadt Bonn zu verharren, und alle Leut, ohne Unterscheid williglich anzuhören, und mit seiner gewöhnlichen Bescheidenheit dergestalt zu dirigiren, daß sie wissen kônnen, wo ? und wie sie zur verlangten Hůlff gereichen mögen.

---

[33] Zeitgenössischer Druck, (Faber, Europäische Staats-Cantzley, 1703, S. 521 ff).

Damit aber auch indessen keine Spaltung oder andere Widerwårtigkeit im Land entstehe, so befehlen wir unsern Landdrosten und Råthen in Westphalen, Stadthaltern im Vest Reeklinghausen, fort allen unsern Amtleuten, Drosten, Vôgten, Richtern, Ober-Kellnern, Kellnern, Rentmeistern, Schultheisen, Schôpfen, Burgermeistern, Raths-Verwanden, und Vorstehern hiemit gnådigst, daß sie ihren uns abgelegten Pflichten gemåß sich an uns allein unbeweglich halten, die Schuldigkeit ihrer Dienste treulich beobachten, und denen unter sie gehôrigen Leuten, fürnemlich in ihren Nôthen mit Rath und That kråfftigst an die Hand gehen sollen, wie wir uns

| 523

gegen alle und jede gnådigst versehen, und sie hinwiederum unserer Gnad, protection und Landes-våtterlicher Lieb und Treu auch môglichster Vertrettung bey jedermann bester massen versichern, und wann man uns geziemend anhôren will, unsere zu Beybehaltung der auf den Ryßwickischen Frieden gegründeten gemeinen Ruhe und teutschen Freyheit einige abzielende conduite aller Orten so wohl zu justificiren und zu behaupten uns getrauen, daß man dieselbe zu rühmen Ursach haben wird.

Urkund und unserer eigenen Hand Unterschrift, und beygedruckten Chur-Fürstlichen geheimen Cantzley-Insiegels. Bonn, den 12. Octobr[is] 1702.

Joseph Clement, Chur-Fürst.

{L. S.}

1702 Dez Einkünfte des Kurfürsten von Köln[34]

[=Denkschrift an den König von Frankreich]

État des Revenus de S. A. E. de Cologne.

	fl[orins] d'Allemagne
Premièrement l'électorat de Cologne rapporte par an	126.000
La table Episcopale de Liège trente mille pat[acons][35] qui font	60.000
Le muid de Braz et le donatif ordinaire des États de Liège vingt mille pat[acons] cy	50.000
L'Evêché de Ratisbonne	20.000
L'Evêché de Hildesheim	80.000
Berchtesgaden	20.000
L'héritage de feu Madame l'Electrice de Bavière, mère de S. A. S. E.	12.000

Somme totale   **368.000**

Ce qui fait en argent de France	736.000 Livres
De tous les revenus susmentionnez S. A. S. E. ne tire plus rien que ce qui suit:	
De Ratisbonne	20.000 fl. d'Allemagne
De Berchtesgaden	20.000 fl. d'Allemagne
De l'heritage maternel	12.000 fl. d'Allemagne
Somme totale	**52.000** fl.d'Allemagne

Les créanciers de Bavière tirent toute cette somme et S. A. S. E. n'a icy pour sa subsistance que 16.000 florins d'Allemagne, qui font présentement tout son revenu.

On ne parle pas des donatifs extraordinaires, que ses Etats de Cologne et de Westfalie lui faisaient tous les ans pour ses batiments, lesquels ont presque toujours été à 25 à 30.000 écus par année.

Les États de Hildesheim donnent aussi d'extraordinaire tous les ans 8 à 10.000 écus ; et ceux de Liège 30.000 Patacons.

S. A. S. E. ne tire plus rien dans les conjonctures présentes des charges qu'Elle a à conférer dans ces divers pais, personne ne se présentant pour en demander.

De plus S. A. E. depuis l'élection d'Augsbourg, les noces de Madame la grande Princesse de Toscane sa sœur, l'entrée de l'évêché de Freysing et de celui de Liège, doit pour toutes les dépenses qu'Elle a été obligée de faire en ces différentes occasions cent mille pistoles.

Voilà l'état où se trouve présentement S. A. S. E., laquelle souhaite qu'après la perte d'un revenu si considérable de pins de trois cent mille florins d'Allemagne, elle puisse trouver le moyen de subsister hors do ses Etats avec sa maison et ses domestiques de la pension de soixante mille florins que S. M. T. C. a la bonté de lui donner, et de sa part des passeports et des contributions, dont Elle remercie infiniment Sadite Majesté, et se fait gloire en cette occasion d'avoir pû lui sacrifier toutes choses, pour lui donner des marques effectives de son attachement à ses intérêts.

1703 April/Mai Die Eroberung Bonns[36]

Am 18. oder 19. April 1703 begaben sich der Herzog von Marlborough, der Freiherr von Opdam und Generalleutnant Coehorn nach Köln; am 24.04. kam General Bülau mit lüneburgischen und preussischen Truppen bei Bonn an, tags darauf der Generalleutnant Fagel mit seinen Truppen. Von Graurheindorf bis Kreuzberg wurde das Lager errichtet. Coehorn kam mit Schiffen bei Rheindorf an und baute dort eine Schiffsbrücke. Coehorn sollte das „Fort de Bourgogne" (heute: Beuel) erobern, der Erbprinz von Hessen-Kassel

---

[36] Nach (Theatrum Europaeum 1701-1703, 1717, S. 264 ff).

sollte im Nord-Westen angreifen, Fagel im Süden. Am 27.04. kamen die Truppen des Kurfürsten von Trier an, am 28.04. das hessische Fußvolk, am 29.04. die Münsterschen Truppen, am 01.05. die hessische Reiterei. Am 03.05. begann die Beschiessung der Stadt und des Forts, das am 09.05. erobert wurde. Am 11., 12. und 13.05. wurden immer grössere Lücken in die Festungsmauern geschossen. Am 14.05. nachmittags ergab sich der Bonner Kommandant d'Alègre, tags darauf wurde die Kapitulationsurkunde von ihm und Marlborough unterzeichnet (siehe Seite 40). Der Chronist des „Theatrum Europaeum" verzeichnet auf der Seite der Alliierten ca. 100 Tote und 70 Verwundete; dies dürfte die Untergrenze sein.

1703 Ein Liedlein von der Belagerung der Stadt Bonn[37]

1. Nun frisch drauf los, tapfrer Soldat,

Lustig erzeig dein' Heldenthat

Nur bald, dann es ist Zeit,

Daß du solt ziehen in das Feld

Und schlagen auf vor Bonn dein Zelt,

Wie es nur dir gefällt.

2. Führt auf die Stück und große Carthaunen,

Daß der Feind muß mit Schmerzen schauen,

Daß es ihm gelten soll;

Führt auf die Mörsel, dann es ist Zeit,

Und macht uns ein Kanonen-Freud

Und thut uns auch Bescheid.

3. Man hat gearbeit Tag und Nacht,

Bis die Schanzkörbe ausgemacht

Wohl durch die Bauren gut.

Man thut mit ganzer Macht beibringen

Schüpp, Karst und Hack vor allen Dingen,

Die Franzen zu bezwingen.

4. Die Bauren im Land sind all bereit,

Willig und gern zu aller Zeit,

Sich einzustellen vor Bonn.
Zu machen die Laufgraben aus,
Keiner will bleiben in seinem Haus,
Sie kamen all heraus.

    5.   Sie wollen auch von Herzen gern
Vor der Stadt Bonn, nahe und fern,
Aufwerfen die Batterei;
Wann's nur befiehlt der Herr General,
Werden sie kommen allzumal,
Auch erscheinen ohne Zahl.

    6.   Gleich wie die Bauren von Venlo gethan,
Allwo geschanzet neuntausend Mann,
Gearbeit' Tag und Nacht;
Wohl aus dem Clev' und Märkisch Land,
Wie solches überall bekannt,
Mußten alle kommen zur Hand.

    7.   Jetzund führt man die Stücke auf
Und scheußt die Wälle über den Häuf.
Das gefällt dem Landmann wohl.
Man wirft zur Erden die Stadtmauer,
Des wein' die Bürger und lachet der Bauer;
Er ist und bleibt ein loser Lauer.

    8.   Man läßt es nicht beim Kanonieren,
Man thut herbei die Mörsel führen.
O wehe du armes Bonn!
Man wirft die Bomben Tag und Nacht,
Du wirst fürwahr gar sehr geplagt,
Welches dir wohl nit behagt.

    9.   Will sich der Kommandant nit ergeben,
Kein Soldat wird bleiben im Leben;
Denn alles muß getötet sein,
Die Stadt der Erden gemacht gleich,
Zu Nutz dem Kaiser und dem Reich.

Dieses versichere ich euch!

    10. Darauf werden die Aliierten Armeen

Den stolzen Franzen entgegen gehen,

Und jagen sie aus dem Land,

Verfolgen bis in Frankreich zu,

Solang bis Teutschland habe Ruh

Und den Frieden noch dazu.

Liedlein von der Einnehmung von Bonn (Auszug)

   °   Was Neu's muß ich vertrecken,

Welches doch ist bekannt,

Wie da mit großem Schrecken

Der Franzmann kam ins Land.

   °   Er besetzte Städt und Flecken

Wohl in dem Kölschen Land,

Welches thäte schmecken,

Wie von alters ja bekannt.

   °   Der Kaiser unterdessen

Läßt auch ermanglen nit,

Er thäte wohl ermessen,

Daß stinken würd die Schmied.

[…]

   °   Nun wurde Bonn berennet

Wohl in dem Mond April,

Und hätte man vermeinet,

Es würd' nit also still.

   °   Die Schanz wohl jenseit Rheine

Ward so stark ausgeschreit,

Als könnte sie alleine

Ausstehn ein' solchen Streit.

[…]

   °   Schon dreimal ward befreiet

Die Stadt vom Franzenjoch.

Gott, schütz vor neuem Leide

Sie künftig gnädig doch.

1703 Mai 15 Kapitulationsurkunde, Auszug[38]

MEMOIRES | pour servir à | L'HISTOIRE | du | XVIII SIECLE, | contenant | les Négociations, Traitez, Résolutions, et autres Documens authentiques | concernant | les Affaires d'Etat ; | [...] | Par Mr. de Lamberty, | Tome second. | A la Haye, | Chez Henri Scheurleer. | MDCCXXV. |

| 435

1. Que la Garnison Françoise & Espagnolle sortira de Bon deux jours apres la signature de la Capitulation par la Breche, ou par telle Porte qu'elle choisira, avec Armes & Bagages, Balles en bouche, Timbales & Tambours batans, Trompettes sonantes, Drapeaux & Etandards deployez, ayant leurs Bandouilleres garnies de Poudre & de Plomb pour douze coups, la Cavallerie a Cheval, l'Epee a la main, & les Dragons aussi a cheval, le Fusil haut, avec tous leurs Equipages, comme aussi avenc deux pieces a douze livres de balle, & deux de six livres, ou de moindre calibre, pareillement avec de la Poudre & Balles pour douzes coups.

[Zusätze :]

On demande trois jours francs apres la Capitulation.

Accorde, que la garnison sortira Vendredy matin 18. de ce mois.

On demande aussi que les bagages ne soient point fouilles ni visites.

Accorde, pourvu qu'on y agisse de bonne foi, & qu'il ny ait point de Deserteurs ou des choses cachees, qui en vertu de cette capitulation peuvent pas entre transportee.

On demande six pieces de Canon scavoir trois de douze livres de balle, & trois de six avec diex Mortiers, le tout de Fonte, avenc les Affuts, Cheveaux & hanrois necessaires.

Accorde six pieces, dont deux seront de douze livres, & quatres a cinq & six livres de bal[l]es.

2. Sortiront avec la Garnison l'Intendant, les Reçeveurs, Officiers, Commissaires des Guerres, des Vivres, des Fourages & de l'Artillerie, Ingenieurs & Entreprenneurs, & tous autres Officiers, Sujets des deux Rois, qui sont dans ladite Ville, avec tous leurs Bagages & Equipages, ...

[Zusätze :]

On demande trois jours francs apres la Capitulation.

---

[38] (de Lamberty, Memoires pour servir a l'Histoire du XVIII siecle, 1725, S. 435 ff), zeitgenössischer Druck; deutsche Fassung in (Theatrum Europaeum, Fortsetzung 1703, 1717, S. 266 ff)

Accorde, que la garnison sortira Vendredy matin 18. de ce mois.

On demande aussi que les bagages ne soient point fouilles ni visites.

Accorde, pourvu qu'on y agisse de bonne foi, & qu'il ny ait point de Deserteurs ou des choses cachees, qui en vertu de cette capitulation peuvent pas entre transportee.

On demande six pieces de Canon scavoir trois de douze livres de balle, & trois de six avec diex Mortiers, le tout de Fonte, avenc les Affuts, Cheveaux & hanrois necessaires.

Accorde six pieces, dont deux seront de douze livres, & quatres a cinq & six livres de bal[l]es.

3. Sortiront avec la Garnison l'Intendant, les Reçeveurs, Officiers, Commissaires des Guerres, des Vivres, des Fourages & de l'Artillerie, Ingenieurs & Entreprenneurs, & tous autres Officiers, Sujets des deux Rois, qui sont dans ladite Ville, avec tous leurs Bagages & Equipages ; [Kontributionen dürfen nicht mitgenommen werden.]

4. Que ladite Garnison ira le plus court & par le plus droit chemin a Luxembourg, avec une Escorte suffisante des Troupes des Assiegnas jusqu'audit Luxembourg, & l'on conviendra des Villes, Bourgs & Villages ou l'on couchera chaque nuit, & elle pourra prendre pour quatre jours de pain de leurs magasins, & on donnera aussi des Ostages pour la seurete de l'escorte, que l'on ne relachera que lors que l'Escorte sera revenue, & alors il sera donne aux Ostages des seuretez pour leur retour.

5. [Die deutschen Soldaten dürfen nicht abziehen ; sie müssen sich entscheiden, ob sie zu den Alliierten wechseln oder nach Hause gehen.

6. Die Kommissare der Artillerie, Lebensmittel und des Nachschubs müssen die Magazinbestände angeben.

7. Gold oder Geld darf nicht mitgenommen werden.

8. Verwundete und Kranke dürfen in der Stadt bleiben, bei ihnen ein Offizier oder Ärzte.

9. Alle Dokumente und Archive, die den Erzbischof und das Erzstift betreffen, werden dem Domkapitel in Köln zurückgegeben, ebenso das Eigentum der Stadt Bonn.

10. Alle Gefangenen werden ausgetauscht.

11. Fragen der Religionsausübung werden mit dem Domkapitel abgestimmt.

12. Das „Stoken-poort" [=Stockentor] wird als Ausgang bestimmt.]

[Zusätze:]

On demande que ce soit la Porte de l'Etoile [=Sterntor].

On persiste à cet Article.

Fait au Camp devant Bonn le 15. Mai 1703.

Signe,

LE DUC DE MARLBOROUGH.

ALEGRE.

1703 Juni 01 Vertrag Domkapitel/ Generalstaaten[39]

Comme après la réduction de la Ville de Bonne toutes les fortifications de la Ville, à la reserve seulement de la vieille muraille ou enceinte intérieure et pareillement le fort aude là du Rhin doivent estre incessament rasés, le soussigné député de L. L. H. H. P. P.[40] les Seig[neurs] États Généraux des Provinces Unies des Pays Bas, et le grand Chapitre Métropolitain de Cologne, ayant l'administration et la régence de l'Archevêché et Électorat, sont convenus de la manière suivante.

1. Que le dit grand Chapitre fournira sans la moindre perte de temps, à ses fraix et dépens, les pionniers et ouvriers nécessaires pour que la dite démolition se puisse faire, au plus vite, et jouira en revange des palissades et autres matériaux, employés aux mesures fortifications, et pour assurance de la démolition l'on donnera à M. le Commandant de Bonne le nombre réglé par la répartition des pionniers, que l'on faira par tout le pays, afin que le dit M. Commandant en cas que les pionniers ne comparoissent point, puisse forcer ceux, qui y manqueront.

2. Le dit grand Chapitre fournira, à commencer le premier du mois de Juin, à deux bataillons seulement, de ceux des L. H. P. qui resteront dans Bonne, durant tout le temps, que la démolition se fera, le pain, pour des soldats, et le fourage, y compris la paille pour les chevaux des officiers et des équipages, comptant soixante chevaux, par bataillon, comme aussi pour les chevaux de M. le Brigadier de Pallant et du Major de la place, de mesme on reconnoitra aussi par une bonne récompense les bons ordres, soins et peines du dit M. le Brigadier, et du Major de la place.

3. On donnera les logements, les lits nécessaires, et le chauffage pour les officiers et soldats de la garnison, aussi bons, qui se trouvent, et que la bourgoisie, dans leur estât présent, les pourra fournir, et on fournira aussi les chandelles nécessaires dans les corps des gardes.

4. Pareillement le dit grand Chapitre se charge de fournir dans l'Hôpital de Bonn, pour les malades et blessés, qui y sont présentement, ou que la garnison pourra avoir cy-après, le chauffage, la chandelle, et la paille, et fera loger des officiers chargés du soin des malades et blessés, et l'on ne pourra demander aucune accise, sous quelque prétexte, que ce puisse estre, des denrées qui se consumeront dans le dit Hôpital.

5. La garnison des trouppes de L. H. P. dans Bonne ne sortira de la dite place, devant que la démolition soit entièrement achevée.

6. Les officiers de la Religion et des personnes Ecclésiastiques de deux sexes demeuront dans la Ville de Bonne et seront continuées, sur le mesme pied, qu'il s'est fait jusques à present, sans que la garnison y puisse faire la moindre atteinte, la quelle ne sera pourtant pas troublée ou inquiestée dans l'exercice du culte divin, dont elle fait profession, et le pourra faire sur le mesme pied, comme il s'est fait dans la Ville de Cologne.

7. Que les Magistrats de la Ville de Bonn seront maintenus dans leurs droits et administration de police et justice, et que pareillement les bourgois et habitants de la mesme Ville demeuront dans l'entière jouissance de leurs biens, à la reserve pourtant de tous ceux, qui se sont

---

[39] Abdruck nach (Mittelsten Schee, 1938, S. 30 f).
[40] = „Ihre Hochmögenden".

actuellement engagés aux ennemies, ou qui n'ont obéis aux Avocatoires de S. M. I. et de l'Empire, les quels seront poursuivis et traités rigoureusement par les tribunaux compétants selon les loix.

8.	Cette convention sera approuvée et ratifiée de L. H. P. dans huit jours, à compter du jour de la signature, et mesme plutôt, si faire se peut.

E foy de quoy le député de L. H. P. et le grand Chapitre ont signé la présente Convention et y ont fait apposer leur cachet et leurs sceaux.

fait à Cologne, ce 1. de Juin 1703.

1703 »Ausführlicher und vollkommener Bericht von der glücklich eroberten Stadt und Vestung Bonn«[41]

Ausführlicher und vollkommener Bericht von der durch die Kayserl[ichen] Hohen Alliirten Waffen belagerten und durch GOttes Hülffe gleich glücklich eroberten Stadt und Vestung | BONN | wie | Solche A[nno] 1703 zu Anfang Monats May von Höchst-Gedachten Hohen Kayserl[ichen] Alliirten berennet und beschossen, auch selbiger in wenig Tagen dergestalten zugesetzt worden, daß die zur Besatzung dar-inn-gelegene Frantzen-Männer genöthiget worden weisse Fahren auszustecken, und um die Capitulation zu erhalten, innständig haben anhalten müssen | So ge-schehen den 16. May. | Wird ferner ausführlicher und sehr schön der geneigte Leser in nachfolgenden Lied zu vernehmen haben. | nach der Melodei: Dorindgen weine nicht, weil nun der Aufbruch in das Feld geschicht.| Gedruckt zu Cölln Anno 1703.|

| 2

1. Kommt, bleibt ein wenig stehn,

und höret zu, was dorten ist geschehn,

vor Bonn der festen Stadt, so da beschossen hat

ein tapfrer Held mit Namen Cohorn so dieses that.

2. Die Franzen haben sich

vor kurzer Zeit in diese Stadt, sag ich,

darinn genistet ein

und hiesse dann zum Schein

---

[41] (Ausführlicher und vollkommener Bericht von der ... eroberten Stadt und Vestung Bonn, 1703), zeitgenössischer Druck, Fundstelle: Bayerische Staatsbibliothek München, Signatur Res/4 P.o.germ. 124 h#Cah.2; VD18 15246019-001. – siehe auch: Ditfurth, Franz Wilhelm von (Hg.): Die Historischen Volkslieder vom Ende des dreißigjährigen Krieges, 1648 bis zum Beginn des siebenjährigen, 1756. Aus fliegenden Blättern, handschriftlichen Quellen und dem Volksmunde gesammelt. Heilbronn: Gebrüder Henninger, 1877, Nr. 88.

sie wären Craises Völcker, drum man sie nahm hinein.

   3. Allein, weil man gespürt,

was dieser Schafspelz heimlich in sich führt,

nahm man es wohl in acht

und wurd dahin getracht

daß man die lose Frantzen hat glücklich rauß gebracht.

   4. Dahero zu dem End

von hohen Alliirten es erkennt,

daß man mit Stuck und Mann

die Franzen zwingen kann

bald aus dem Nest zu kriechen und jagen sie darvon.

   5. Das Kommando, wie man sah,

der Duc de Marlebourg thät halten da,

sammt Herrn von Opdam auch

und beym Carthaunen-Rauch

der Helden-Cohorn ware nach tapfern Krieges-Brauch.

   6. Drauf ruckt man ganz und gar

in diesen siebzehnhundert dritten Jahr,

im Monat May heran

mit Stucken, Roß und Mann

mit Bomben und Carthaunen auf dieses Sieges-Plan.

   7. Man mußte also fort,

sich gleich verschanzen hier vor diesen Ort,

Approschen, Batteri,

Die sahe man gleich hie

Mit Stücken so besetzet,

Das mans gesehen nie.

| 3

   8. Nun fei'rte man nit lang,

und macht den Franzen alsbald Angst und Bang;

[…]⁴²

9.   Bald drauf so stürmte man
mit vielem Volk gleich diese Rheinschanz an,
die auch gleich übergieng durch Sturm und was darinn
wurd gleich gehauen nieder, weil niemand kunt entfliehn.

10. Da Alles, wie gesagt,
wurd durch das Schwert zum Tode hingejagt,
zwar doch wurd ein Hauptmann wie auch Gemeine dann
so ihr Gewehr hinlegten, gefänglich genommen an.

11. Sonst hatte niemand hier,
in dieser Schanz von Franzen mehr Quartier,
sie stimmten sehnlich an: „O Monsieur, teutsche Mann,
lasst uns nur diesmal leben!“
Doch hört es niemand an.

12. Da dieses nun vollbracht,
wurd gleich zur Stadt die Anstalt auch gemacht;
die Mauren wurden sehr
kreutzweiß und in die Quer
mit Stücken so begrüsset, daß es gedonnert sehr.

13. Es meinte jedermann,
als wenn die Erd zu brechen finge an;
die Frantzen wie die Flöh
stets hüpfften in die Höh,
vor Angst die Hosen stüncken und ware ihnen weh.

14. Bei dieser Donnerfreud,
war auch zum Sturm gleich Alles schon bereit,
der dann mit Schiff und Mann zu Wasser sollt gethan
und angefangen werden; nun höret ferner an.

15. Als nun der Kommandant,
mit namen Herr Alegre wird genannt,
sah Ernst und Hitzigkeit,

---

war es ihm schlechte Freud,

vor Angst er schier erstarrte in dieser Forcht und Leyd.

16. Er red't sich selbsten an,

und sprach: „ma foi, ick nick mehr warten kan,

iß mir die Angst sehr groß, par Dieu!

Ach wär ick loß,

Ick kann sie nit mer warten.

O! harte, harte Stoß!"

| 4

17. Und steckte gleich darauf,

anstatt der rothen, weiße Fahnen auf,

und bathe um Accord

und gute Gegenwort,

der endlich dann erfolgte und wurd gemachet fort:

18. Drauff must die Garnison,

Laut des Accords sich machen bald darvon,

den zweyten tag darnach,

da der Accord geschach,

wie Kriegs-Gebrauch erfordert mit hellem Trommelschlag.

19. Sie mußten also fort,

nach Lützenburg fort gehen, und biß dort

wurd sie hin convoirt,

wie sichs im Krieg gebührt;

darzu ihn vor vier Tage wurd Brod hinzugeführt.

20. GOtt lob, diß ist nun gut!

GOtt stürtz den Hahn sammt seiner Hühner-Bruth!

Er geb uns ferner Glück

und stürtz den Hahn zurück

Sammt andern Feinden alle mit ihrer falschen Tück!

21. Herr Cohorn wurd belohnt,

weil er die Stadt und Kirchen hat verschont;

....

die Maur und Wäll zu fällen, wie er es auch vollbracht.

22. GOtt gebe ferner Krafft

der Alliirten großen Krieges-Macht!

Sie simuliren nicht und fechten bis es bricht

Und biß der hahn verjaget drum kann es fehlen nicht.

23. Ach liebster GOtt und HErr,

wir sagen dir dafür Danck, mehr und mehr;

steh bey uns liebster Herr

den Hahn noch ferner wehr,

ders besser nicht will haben.

dir sey Lob, Preiß und Ehr.

1710 J. J. Müller: »Marlboroughs Leben und Thaten«[43]

Des | Königlich-Engelländischen | Generals | DUC DE MARLBOROUGH, | Des | Heil[igen] Röm[ischen] Reichs Fürstens zu | Mündelheim | LEBEN UND THATEN | absonderlich in dem jetzigen | Spanischen Successions- | Kriege | Aus Actis publicis und zuverläßigen Relationen beschrieben | Und mit denen darzu gehörigen Diplomatibus und Documentis in forma erläutert wie auch verschiedenen in die sowohl | Allgemeine Völcker-Rechte als des Heil[igen] Röm[ischen] Reichs und Königreichs Engelland besondere Staats-Rechte lauffenden O[b]servationen illustriret | von | Johann Joachim Müllern | Fürstl[ich] Sächsis[chem] Geheimen- und Lehn-Secretario, wie auch Gemeinschaftlichem Archivario zu Weimar. | Mit Kupfern. | Franckfurt und Leipzig, bey Christoph Riegeln zu finden, 1710. |

| 100

Cap[itulum] XXV.

Wie unterm Ober-Commando des Hertzogs von Marlborough die Cöllnische Festung Bonn durch Accord erobert worden.

§ 1.

Es hätte zwar Chur-Pfaltz lieber gesehen, wenn die Belagerung der Chur-Cöllnischen Festung Bonn, welche von denen so genannten Burgundischen Creyß-Völckern gleichfals besetzet war, von denen hohen Alliirten, nachdem Lüttich an dieselbe übergangen, würcklich wäre vorgenommen worden. Allein das eingefallene üble Wetter wollte solches so bald nicht verstatten. Jedoch wurde selbige nicht allein ziemlich eingeschlossen, sondern auch unterm Ober-Commando des tapfern Hertzogs von Marlborough im Monat April 1703 würcklich belagert. Denn so bald mit dem Ende des Martii 40 Schiffe mit Englischen Trouppen angelanget, und darauf die Armee zu Felde gangen, brachen Ihre Durchl[aucht] den 8. April aus dem Haag nach bemelter um Mastrich campirenden Armee auf, musterten dieselbe, und machten in denen eroberten Oertern gute Anstalt, alsdann aber und zwar den 24. ejusd[em] liessen sie die von den Frantzosen disseits

| 101

angelegte Rhein-Schantze[44] und folgenden Tags die Stadt selbst berennen.

§ 2. Diese Festung hatten die Frantzosen nicht allein mit vielen neuen Abschnitten, sondern auch mit vorangeregter Schantze versehen, und flattirten sich, die Alliirten würden entweder die Belagerung gar nicht unternehmen, oder doch viel Zeit und Volck darbey verliehren, und ihnen indessen Gelegenheit geben, alle vorigen Jahrs in denen Spanischen Niederlanden und dem Bißthum Lüttich eroberte Plätze wiederum wegzunehmen. Allein gleichwie das Kriegs-Glück den Herrn Hertzog von Marlborough bey voriger Campagne überall begleitet, also wolte auch solches denselben bey dieser Belagerung nicht verlassen, massen, nachdem man den 9ten May mehrgedachte Schnatze mit dem Degen in der Faust eroberte, und folgends auf die Stadt so scharff feuerte, daß dadurch drey grosse Breschen geleget wurden, wolte der Frantzösische Commendant, Mons[ieur] d'Allegre, den General-Sturm nicht erwarten, sondern ließ am 14. ejusd. die Chamade schlagen und eine weisse Fahne auffstekken. Anfangs hätte sich die Capitulation fast gar zerschlagen, weiln der Commendant auffs äusserste sich bemühete, unter denen Accords-Puncten zu erhalten, daß die Festung, wiewohl unter einer Besatzung der Alliirten, wiederumb möchte in ihres Chur-Fürstens Devotion kommen, nachdem aber derselbe sothanen Punct fallen ließ, so wurde endlich der Accord den 16. ejusd., womit man den 3 tage zugebracht, geschlossen, und [G 3]

| 102

auf Seiten der hohen Alliirten von dem Herrn Hertzog von Marlborough unterschrieben.

§ 3. [Auch die Burg Saffenberg bei Altenahr wird eingenommen.]

---

[44] Rechtsrheinisch, damals „Fort de Bourgogne" genannt, eigentlich: Beuel.

1726 de Quincy: »Histoire militaire du Regne de Louis le Grand, Roy de France«, IV[45]

HISTOIRE MILITAIRE | du Règne | de | LOUIS LE GRAND, | Roy de France, | ou l'on trouve un détail de toutes les Batailles, Sièges, Combats particuliers [...], | enrichie des plans nécessaires [...] | par M. le Marquis de Quincy, Brigadier des Armées du Roy, Lieutenant General de l'Artillerie, Lieutenant pour le Roy au Gouvernement d'Auvergne, Chevalier de l'Ordre Militaire de S[aint] Louis, Tome IV.| A Paris | Chez Mariette / Delespine / Coignard | 1726 |

[1703] Pendant ce tems-là les ennemis avoient assemblé une partie[B]

| 10

de leur armée sous Mastricht, tandis qu'une autre étoit occupée à faire le siége de Bonn. Cette place où commandoit le Marquis d'Alegre Lieutenant general fut investie le 24 d'avril par le Lieutenant general Bulau avec la cavalerie de Lunebourg, & quelques régimens de cavalerie de Prusse. Le lendemain 25 le General Fagel y arriva avec l'infanterie qui fut suivie du Duc de Marleboroug. Il étendit son camp depuis Rindorf jusqu'à Creutzberg. Il fit attaquer quarante hommes que M. d'Alegre avoit mis dans Poppeldorf, qui se retirèrent selon l'ordre qu'ils en avoient reçus. Le Duc de Marleboroug fit occuper ce poste par deux cens hommes.

Le 26 [avril] le General Coehorn qui devoit avoir la direction du siége, y arriva avec les pontons, & quantité de bâtimens chargés de munitions. Il ordonna les fascines & les matériaux nécessaires pour l'ouverture de la tranchée. Le Duc de Marleboroug fit marquer les quartiers pour les troupes, & dressa un projet pour trois attaques. Le General Coehorn commandoit la première vers le fort de l'autre côté du Rhin, aïant avec lui les Generaux Major Fiesheim & Elberfeld, M de la Rocque Ingénieur en chef. La seconde attaque étoit commandée par le Prince héréditaire de Hesse-Cassel, qui avoit sous ses ordres le General Major Prince d'Anhalt-Verbst, & le Major General Tetteau ; & pour Ingénieur en chef M. Hazard. La troisiéme par le General Fagel avec les Generaux Major de Dam & Saint-Paul, aïant le Colonel Reinchard pour Ingénieur en chef. On destina pour chaque attaque douze régimens qui se placèrent à portée le 27.

Ce même jour le pont volant de Coblenta arriva avec l'artillerie & les munitions qu'ils placèrent près du quartier du General Fagel.

Le 28. l'infanterie de Hesse arriva delà Moselle, & fut suivie des troupes de Munster qui arrivèrent le lendemain.

Le 30. on commença à débarquer l'artillerie, & on détacha un régiment de dragons pour bloquer Saffembourg.

---

[45] (de Quincy, 1726), zeitgenössischer Druck.

Le premier de mai la cavalerie de Hesse arriva au camp. On travailla ce jour-là à amasser des fascines pour les trois attaques. On acheva le lendemain de débarquer la grosse artillerie qui consistoit en cent quarante pièces de canon & cinquante mortiers.

Le 3 [mai] on fit distribuer les outils pour travailler aux approches.

| 11

La nuit du 3 au 4 la tranchée fut ouverte aux trois attaques vers les onze heures du soir. Le General Major Herberfeld avec un brigadier, trois régimens d'infanterie & douze cens travailleurs commandés par un lieutenant Colonel, un Major, dix Capitaines & dix Lieutenans, douze Enseignes & vingt Sergens. Ils commencèrent à tirer un boyau devant le fort de l'autre côté du Rhin. Ils eurent le temps de le mettre presque à couvert avant que d'être apperçus ; mais sitôt qu'ils le furent, ils essuïerent un très grand feu qui leur tua bien du monde. Ils furent obligés d'envoïer quelques travailleurs à la pointe du joue pour remplacer ceux qui avoient été tués.

Dans l'attaque du Major General de Dam devant la ville, la tranchée fut ouverte par le Comte d'Hona Brigadier commandant les régimens de Birkenfeld & de Stagenbourg avec six cens travailleurs commandés par des Officiers à proportion de leur nombre. La tranchée de cette attaque fut poussée asses près du glacis avec une perte si considerable qu'ils furent contraints d'y mettre cent travailleurs d'augmentation.

La tranchée commandée par le Prince de Hesse, fut ouverte par le Prince d'Anhalt-Verbst Major General, & par le Comte d'Enhorf Brigadier avec le régiment de Tetteau, les grenadiers de Hesse & huit cens travailleurs conduits par des Officiers. Ils furent postés par M. de La Rocque Ingénieur, de relevés le lendemain par quatre cens autres travailleurs. Ils perdirent considerable- ment à cette attaque, entr'autres un de leurs Ingénieurs qui y fut tué.

Le 4. au soir la tranchée fut relevée par un brigadier avec les regimens d'Herberfeld, Fagel & Friesheim. Ils travaillèrent toute la nuit à perfectionner les travaux , & à élever trois batteries, l'une de six pièces de canon sur le bord du Rhin, pour tâcher de rompre le pont volant des assié- gés ; la seconde de trente pièces pour battre le fort en front, & la troisiéme de douze pièces pour battre le flanc droit. Ils dresserent d'autres batteries pour douze mortiers & dix-huit pierriers. Ils eurent à cette attaque pendant la nuit neuf hommes tués & vingt-cinq blesses.

Le Major General Tetteau monta à la tranchée à l'attaque du haut Rhin avec les régimens du Prince de Hesse, de Warlensleben & d'Anhalt-Verbst. On ne fit que perfectionner la tranchée de élever un épaulement pour couvrir la cavalerie de la [B ij]

| 12

garde. On y perdit six hommes & neuf blesses.

Le 5 [mai] Brigadier Pallant monta la tranchée à l'attaque du fort avec les régimens de Nassau, Walon, Vaës, & Cunari. On perdit onze soldats & quelques autres blesses de ceux qui travailloient aux batteries.

Dans l'attaque du haut Rhin la tranchée fut relevée par le Prince d'Anhalt-Verbst avec les régimens du Prince Roïal de Prusse & deux bataillons de Canitz. On travailla toute la nuit à per- fectionner les épaulemens pour la cavalerie, & à faire des chemins pour l'artillerie. Il y eut un capitaine & huit soldats tués.

Le 6 le General Major Hochkirchen releva la tranchée à l'attaque du fort. On travailla ce jour-là & le suivant à mettre les batteries en état. Il y eut un capitaine & dix hommes tués & vingt-deux blesses. A l'attaque du Prince de Hesse on dressa une batterie de douze pièces de canon, & une autre de six mortiers.

Le 7 les batteries furent perfectionnées à l'attaque du Prince de Hesse, & on tira l'après-midy sur le Pont-volant. On perdit quinze hommes qui furent tués, de il y eut quelques blesses. Le General Major Herberfeld monta la tranchée à l'attaque du fort avec le Brigadier Collier. On mit le canon en batterie dont on' tira trois pièces sur le Pont-volant; on perdit pendant la nuit cinq hommes & quatorze blesses.

Les assiégeans rompirent le 8 la chaîne qui attachoit le Pont-volant, & comme ce pont fut entraîné par le courant de l'eau, le Marquis d'Alegre envoïa du monde avec des ancres & des cables mais les ennemis aïant fait un grand feu dessus avec leur canon, & aïant donné sur le pont, plusieurs se jetterent dans le Rhin, dont deux furent noies & un fait prisonnier en abordant aux batteries des ennemis. Les Assiégés mirent quelques pontons à l'eau pour sauver leur monde, & tirer le pont sur le rivage; mais plusieurs se jetterent avec tant de précipitation, qu'ils firent tourner un bateau, & il y eut quinze hommes de noïés.

Le 9 le canon & les mortiers de toutes les batteries des ennemis tirèrent avec une grande force contre la ville & contre le fort. Ils résolurent d'attaquer le fort sur le soir, aïant appris que la garnison n'étoit pas nombreuse. Ils commandèrent pour

| 13

cet effet quatre cens grenadiers soûtenus par trois bataillons. L'attaque commença entre sept & huit heures. Pendant qu'ils y étoient occupés, le Marquis d'Alegre qui n'étoit pas en état de soûtenir le fort, fit partir de la ville quelques bateaux pour en retirer la garnison. M. de Rabutin qui y commandoit, fit mettre le feu aux barraques & aux maisons, afin de faciliter sa retraite à la faveur de la fumée, ce qu'il fit après avoir laisse seulement trente hommes dans la redoute du fort. Les assiégeans s'en étant apperçus escaladerent les remparts, & entrèrent dans la redoute l'épée à la main après quelque résistance ; ils passerent au fil de l'épée dix hommes qui y étoient, de firent le reste prisonnier.

Les ennemis tirèrent la même nuit une ligne jusqu'au Rhin pour faire une batterie joignant le fort, de battre par ce moïen la ville à revers. Il arriva le 8 un accident qui fit périr beaucoup de monde aux Assiégeans. Le feu prit à un magasin de trois cens bombes, de de trois ou quatre mille, grenades qui tuerent ceux qui travailloient à les charger, de quantité d'autres aux environs.

Le 10 les ennemis travaillèrent aux deux cotés, du fort à des batteries pour huit pièces de canon, de pour cent mortiers grands de petits de l'autre côté, outre les batteries qui étoient en état, ils en fixent une nouvelle qui jointe aux autres, faisoit en tout soixante-dix pièces de canon.

Le Château de Saffembourg étant bloqué, comme on l'a marqué, ils firent sommer le Commandant qui ne voulut pas se rendre qu'il n'eut vû le canon, le fit le 13 après qu'on en eut tiré quelques coups.

Le 11. on plaça jusqu'à quatre-vingt pièces de canon, quarante mortiers de cinq cens petits d'une nouvelle invention, dans l'attaque du bas Rhin. On poussa les tranchées plus près de la place, de on mit ces petits mortiers dans la derniere parallèle.

Le 12. on commença à battre la ville de toutes les batteries du côté de l'eau, de on commanda quatre cens travailleurs pour achever la derniere parallèle.

On continua le 13, à battre en brèche. Vers les deux heures après midy le Marquis d'Alegre fit faire une sortie avec douze cens hommes d'infanterie de quatre cens chevaux sur l'attaque

| 14

du Major general de Dam, ils culbuterent d'abord tout ce qui étoit dans les premiers boïaux, & tuèrent tout ce qui se présenta ; mais les ennemis aïant fait avancer un grand nombre de troupes, les assiégez se retirent en très bon ordre n'aïant perdu que trente soldats, un Capitaine de grenadiers du Roïal & un Aide-Major de la Couronne. M. de Polastron Colonel de ce régiment y fut blessé & quelques autres Officiers. On encloua dans les batteries des assiégeans dix pièces de canon & six mortiers. Les ennemis eurent quatre-vingt hommes tués & cent soixante-dix blesses. Le Colonel Malsbourg & quelques Officiers furent faits prisonniers ; enfin il y eut plus de quatre cens toises de travail comblé.

Les assiégeans travaillèrent tout le reste du jour à réparer les dommages qu'ils avoient reçus dans cette sortie, & attaquèrent le soir le chemin couvert du côte de l'attaque du bas Rhin, avec un gros détachement de grenadiers, qui après avoir été repoussé trois fois, se logea sur la première contrescarpe depuis le Rhin jusqu'au grand Ravelin, & obligea les assiégés d'abandonner la seconde, ensorte qu'ils se logea même contre les palissades. Les ennemis eurent dans cette action cent trente hommes tués & plus de deux cens blesses.

Le 14. ils continuèrent à battre en brèche avec toute leur artillerie qui fut tirée avec tant de violence que le front de l'attaque étoit tout effacé, & ne faisoit qu'une seule brèche qui jointe à une prodigieuse quantité de bombes qu'ils continuèrent à jetter dans les ouvrages & sur les remparts, étoit cause de la perte de bien du monde, & faisoit que les soldats destinés pour la défendre, ne pouvoient y tenir ; cela obligea le Marquis d'Alegre de battre la chamade le 15 sur les quatre heures du soir, scachant que les ennemis avoient tout disposé pour lui donner un assaut general. On eut de la peine à convenir des conditions qui ne furent réglées que le lendemain 16 [mai]. Il fut accordé à la garnison qu'elle sortiroit deux jours après par la brèche avec armes & bagages, deux pièces de gros canon, quatre autres avec deux mortiers, & tous les autres honneurs que l'on accorde à une garnison qui a fait une belle défense. Elle sortit le 19, & fut conduite à Luxembourg. Elle étoit encore de trois mille six cens hommes. M. de la Balte y fut tué d'un coup de canon & M. d'Hauteville dangereusement blessé d'un éclat de

| 15

bombe. [...] Milord Marleboroug partit de Bonn le 17 & arriva au camp de Mastricht la nuit du 18 au 19.

1808 »Histoire de Jean Churchill«, 1[46]

Histoire | de | JEAN CHURCHILL, | Duc de Marlborough, | Prince du Saint Empire Romain et de Mindelheim [..] | Tome premier. | A Paris, | de l'Imprimerie Impériale. | 1808. |

| 190

---

[46] (Histoire de Jean Churchill, Duc de Marlborough, 1808, S. 190 ff).

Tous les preparatifs etant faits pour pousser vigoureusement le siège de Bonn, cette place, defendue par le brave marquis d'Alegre, fut

| 191

investie le 24 avril par la cavalerie prussienne et lunébourgeoise , sous les ordres du lieutenant général Bulau. M. Fagel arriva le lendemain avec une partie de l'infanterie ; et Marlborough, qui étoit allé à Cologne, en ramena quelques troupes. Le camp s'étendoit depuis Rheinsdorf jusqu'à Kreutzberg. Quarante François placés dans Poppeldorf se retirèrent de ce poste, dont deux cents alliés prirent possession aussitôt.

M. de Cohorn, le Vauban hollandois, devoit avoir la direction du siège : il arriva le 26 avec les pontons et quantité de bâtimens chargés de munitions.

Le duc fit marquer les quartiers pour les troupes, et dressa le projet de trois attaques. La première, vers le fort[47] de l'autre côté du Rhin, fut commandée par le lieutenant général de Cohorn, ayant sous lui les majors-généraux Freisheim et Erberfeld[48], et M. de la Roque, ingénieur en chef. La seconde fut confiée au prince héréditaire de Hesse-Cassel, secondé du prince d'Anhalt-Zerbst, du major général Tettau, et de M. Hazard, ingénieur en chef. Le lieutenant général Fagel commandoit la troisième, ayant pour adjoints les

| 192

majors généraux Dedem et Saint-Paul, et pour ingénieur en chef le colonel Reinchard.

Les troupes du siège étoient composées de quarante bataillons et de soixante escadrons. Douze régimens prirent poste à portée de chacune des trois attaques. La grosse artillerie consistoit en cent quarante pièces de gros canon et cinquante gros mortiers. Le Journal historique de Louis XIV porte le nombre de ceux-ci jusqu'à quatre-vingt-dix, sans en compter cinq cents d'un moindre calibre, et d'une invention nouvelle. On vouloit rendre les attaques si vives, qu'il ne fut pas possible aux assiégés de réparer leurs brèches , ni même de s'y présenter sans être écrasés par les boulets et par les bombes.

Le commandant de la place, voyant ce terrible appareil, écrivit au duc dé Marlborough

> *que l'année précédente il avoit été convenu entre l'électeur Palatin et celui de Cologne , que les villes de Dusseldorff et de Bonn seroient exemptes de bombardement, afin d'en conserver les églises, les palais et autres édifices publics ; qu'il avoit ordre de notifier que, si la convention n'étoit pas exécutée, l'électeur de Bavière useroit de représailles sur la ville de Neubourg, qui appartenoit à l'électeur Palatin.*

Le duc communiqua à ce prince la lettre qu'il

| 193

avoit reçue , et répondit en peu de mots ,

> *que ce n'étoit ni son usage ni son plaisir de détruire des villes ou des édifices publics, mais qu'il ne falloit pas que la conduite des assiégés le forçât de prendre de parti extrême.*

---

[47] « Appelé quelquefois le fort de Bourgogne. »
[48] « Dumont écrit Eiberfeld et Herberfeld. »

La nuit du 3 au 4 mai, la tranchée s'ouvrit aux trois attaques : vers les onze heures du, soir, on commença à tirer un boyau devant le fort de l'autre côté du Rhin ; à l'attaque du major général Dedem devant la ville, le travail fut poussé assez près du glacis, mais avec une perte considérable; il en fut de même à celle que commandoit le prince de Hesse.

Le 4 au soir, on éleva trois batteries : l'une de six pièces sur le bord du Rhin, pour tâcher de rompre le pont volant des assiégés ; la seconde de trente, pour battre le fort en front; et la troisième de douze, pour foudroyer le flanc droit. On dressa encore d'autres batteries pour douze mortiers et dix-huit pierriers.

Le 8, les assiégeais rompirent la chaine par laquelle étoit assujetti le pont volant qui communiquoit du fort à la ville, et qui fût entraîné par le courant de l'eau; M. d'Alègre envoya aussitôt des hommes d'un courage à toute épreuve, avec des ancres et des câbles, pour le retenir et le ramener : le feu des alliés atteignit le pont ; et

| 194

plusieurs des braves dont je viens de parler se jetèrent dans le Rhin; deux se noyèrent, et un troisième fut fait prisonnier en abordant le rivage : un bateau qui chavira fit encore périr quinze hommes, du nombre de ceux qui avoient été dépêchés pour secourir les autres et tirer le pont à bord[49].

Ce soir-là même il arriva un accident fâcheux dans le quartier du major général Dedem : il n'y eut, s'il faut en croire Lediard, que cent cinquante bombes et autant de grenades qui, en sautant, firent perdre la vie à un lieutenant et à cinq travailleurs seulement ; mais les historiens françois prétendent que le feu prit à un magasin de trois cents bombes et dé trois ou quatre mille grenades , qui tuèrent non-seulement ceux qui travailloient à les charger, mais encore quantité d'autres à peu de distance de l'explosion.

Dans les guerres de tous les siècles, telle a été la manie commune d'exagérer lés pertes de son ennemi et de diminuer les siennes. On met de l'amour-propre jusque dans les effets du hasard, jusque dans les suites d'un accident, qui ne peut avoir ni la honte d'une défaite, ni l'honneur d'une victoire.

| 195

Le lendemain on vit que la batterie dirigée contre le fort avoit fait une large brèche ; on savoit d'ailleurs que la garnison en étoit peu nombreuse : le général se décida donc à l'attaquer dès le soir même. Quatre cents grenadiers commandés peur cette entreprise, et soutenus par quatre bataillons, l'exécutèrent avec intrépidité, M. de Rabutin, qui commandoit dans le fort, fit mettre le feu aux baraques et aux maisons, pour faciliter sa retraité à la faveux de la fumée, et gagner la ville en bateaux : il laissa seulement trente hommes dans la redoute du fort. Suivant Lediard, la garnison fut poursuivie si vivement jusque dans le ravelin, qu'elle n'eut pas le temps d'effectuer son projets. Quelques prisonniers faits dans cette occasion, ajoute-t-il, rapportèrent qu'il restoit encore cinquante[50] hommes dans une des redoutes : elle fut emportée aussitôt qu'attaquée; et ceux qui la défendoient furent tués ou pris. La rapidité de tous ces mouvemens ne laissa pas au commandant le temps de s'échapper, s'il faut en croire l'auteur anglois ; il paroît cependant que M. de Rabutin étoit venu à bout de se sauver. Quoi qu'il en soit,

---

────────

[49] « Il fut brise par l'artillerie des assigeans. »
[50] « Trente, selon M. de Quincy; dix furent passés au fil de l'épée. Si l'on ne fit que quelques prisonniers de la garnison, elle effectua donc son projet de retraité, a moins qu'on n ait tué le reste; ce que Lediard ne dit pas. »

| 196

le duc de Marlborough et de général Obdam jugèrent la prise du fort assez importante pour en donner avis aux Etats-généraux.

Le 10 fut employé à dresser des batteries : il y eut le lendemain jusqu'à quatre-vingts pièces de canon avec quarante mortiers, et cinq cents petits, à l'attaque du bas Rhin. Les tranchées furent poussées plus près de la place, et l'on mit les petits mortiers dans la dernière parallèle.

Le 12 et le 13, on battit en brèche. Ce dernier jour, vers midi, M. d'Alègre, à la tête de douze cents fantassins et de quatre-cents chevaux, fit une sortie sur le poste du général Dedem : ils culbutèrent d'abord tout ce qui étoit dans lés premiers boyaux et tuèrent tout ce qui se présenta ; mais les assiégeans, revenus bientôt de leur surprise, repoussèrent à leur tour les vainqueurs, qui perdirent trente hommes, un capitaine de grenadiers du Royal, et un aide-major du régiment de la Couronne. M. de Polastron, colonel de ce régiment, et quelques autres officiers, furent blessés. Les François ne s'étoient décidés à la retraite qu'après avoir encloue dix canons et six mortiers, tué ou blessé deux cent quarante hommes, fait prisonnier le colonel Malsburg avec plusieurs autres, et comblé plus de quatre cents toises de travaux.

| 197

Tout étant prêt dans le poste du prince de Hesse, l'attaque du chemin couvert, du côté du bas Rhin, commença le 13 vers huit heures du soir ; elle étoit commandée par le major général Tettau et par le brigadier Palandt ; le prince y étoit en personne ; et sa présence inspira tant de courage aux soldats, que, secondés par le feu continuel des canons et des mortiers de differents autres postes, ils forcèrent le passage, après avoit été repoussés trois fois. Ils se logèrent sur la première contrescarpe, depuis le Rhin jusqu'au grand ravelin ; puis sur la seconde, tout près des palisades. Dans cette occasion, le général Tettau, et dix autres officiers environ, reçurent d'honorables blessures : l'ingénieur qui commandoit la tranchée, y perdit la vie; et il y eut cent cinquante soldats tant tués que blessés[51].

Le 14, on continua de battre en brèche; jamais lés éclats mille fois redoublés du tonnerre ne firent un bruit plus effroyable. Bientôt le front de l'attaque parut effacé ; la chute des bombes dans les ouvrages et sur les remparts causa de grands ravages, et le soldats ne pouvoient plus rester a leur poste sans y recevoir la mort. M. d'Alegre

| 198

informé que tout étoit prêt pour un assaut général, fit battre là chamade le 15 [mai], vers quatre heures du soir : on eut de la peine à contenir des conditions, qui ne furent réglées que lé lendemain 16. La garnison, encore composée de trois mille six cents hommes, sortit te 19 mai avec tous les honneurs de la guerre, et fut conduite à Luxembourg. La défense avoit été aussi honorable que la conquête : Il restoit à peine quelque trace des fortifications ; et tout le contour des remparts ne présentoit qu'une seule brèche. Ce fut sur les ruines de Bonn, sur-tout, que le Vauban hollandois, si habile a fortifier les places, se montra non moins savant dans l'art de les détruire.

Il fut frappé a ce sujet une médaille, sur la face de laquelle est représenté le buste de la

| 199

---

[51] « Les François portent la perte des allies a cent trente tues et plus de deux cent blesses. »

reine Anne, avec ses titres ordinaires : on voit sut le revers un plan du siège avec l'ins-
cription suivante qui se lit dans l'exergue :

BONA A MALIS EREPTA, SOCIALIBUS ARMIS,

IDIBUS MAII 1703.

Bonn pris sur les mechans, par les armes des allies, aux ides de mai [15 mai] 1703.

Literaturverzeichnis

Aders, G. (1973). *Bonn als Festung. Ein Beitrag zur Topographie der Stadt und zur Geschichte ihrer Belagerungen.* Bonn: Röhrscheid.

Ausführlicher und vollkommener Bericht von der ... eroberten Stadt und Vestung Bonn. (1703). Köln.

Bodenehr, G. (1720). *Des curiosen Staats und Kriegs Theatri am Rhein anderer Theil, oder der Untere Rhein.* Augsburg.

Braubach, M. (1925). *Die Politik des Kurfürsten Josef Clemens von Köln bei Ausbruch des spanischen Erbfolgekrieges und die Vertreibung der Franzosen vom Niederrhein (1701-1703).* Bonn: Schroeder.

de Cosnac/Pontal (Hrsg.). (1888). *Memoires du Marquis de Sourches sur le regne de Louis XIV* (Bd. 7). Paris: Hachette.

de Lamberty, G. (1724). *Memoires pour servir l'Histoire du XVIII Siecle* (Bd. 1). Den Haag: Scheurleer.

de Lamberty, G. (1725). *Memoires pour servir a l'Histoire du XVIII siecle* (Bd. 2). Den Haag: Scheurleer.

de Quincy. (1726). *Histoire militaire du regne de Louis le Grand* (Bd. 4). Paris: Mariette/Delespine/Coignard.

Ennen, E. (1989). Die kurkölnische Residenz Bonn und ihr Umland in einem Jahrhundert der Kriege. In D. Höroldt (Hrsg.), *Bonn als kurkölnische Haupt- und Residenzstadt 1597-1794* (S. 15 ff). Bonn: Dümmler.

Faber, A. (1703). *Europäische Staats-Cantzley* (Bd. 7).

Faber, A. (1708). *Europäische Staats-Cantzley* (Bd. 6).

Histoire de Jean Churchill, Duc de Marlborough (Bd. 1). (1808). Paris: Imprimerie Imperiale.

Imhof, A. L. (1710). *Neu-eröffneter Hostorischer Bilder-Saal* (Bd. 6). Nürnberg: Buggel.

Martens, G. F. (1802). *Receuil des principaux traites .. conclus par les puissances de l'Europe depuis 1761 jusqu'a present* (Bd. 1). Göttingen: Dieterich.

Mittelsten Schee, H. (1938). Das Ende der Festung Bonn. *Bonner Geschichtsblätter, 2,* S. 1 ff.

Müller, J. J. (1710). *Des königlich-engelländischen Generals Duc de Marlborough ... Leben und Thaten.* Frankfurt/Leipzig: Riegel.

Theatrum Europaeum 1701-1703 (Bd. 16). (1717). Frankfurt/Main: Merian.

Theatrum Europaeum, Fortsetzung 1703 (Bd. 16). (1717). Frankfurt/Main.

Vogel, J. P. (kein Datum). *Churfürstlich-Cöllnischer Hof-Kalender auf das Jahr 1771.* Bonn.

Bilder

Abbildung 1: Plan von Bonn, by Bodenehr 1720

(Bodenehr, 1720)

Bonn Residenz-Stadt des Churfürsten zu Cölln, am Rhein, im Ertz-Stifft Cölln gelegen, welche 1703 durch die Holländer und ihre alliirten, unter dem berühmten Holländischen General Cœhorn mit solcher Force belagert wurde, das sich der Ort in 3 Tagen ergeben muste. Sie ist wohl befestiget, und hat ein festes Schlos 4 meillen oberhalb Cölln.

A	halber Rhein-Bastion		N	St. Elisabeth
B	Camus		O	St. Lucas
C	St. Wilhelm		P	St. Clara
D	de l'Estoille		R	Contregarde de la Chasse
E	Heinrich		S	St. Agnes
F	Maximilian		T	St. Theresia
G	de la Chasse		V	St. Brigitta
H	Ferdinandt		X	Contregarde
I	d'Estocq		Y	Kleiner Rhein-Bastion
K	de Piaga		Z	Rhein Porte
L	St. Anna		1	Stern Porte oder Thor
M	St. Maria		2	Cölner Thor

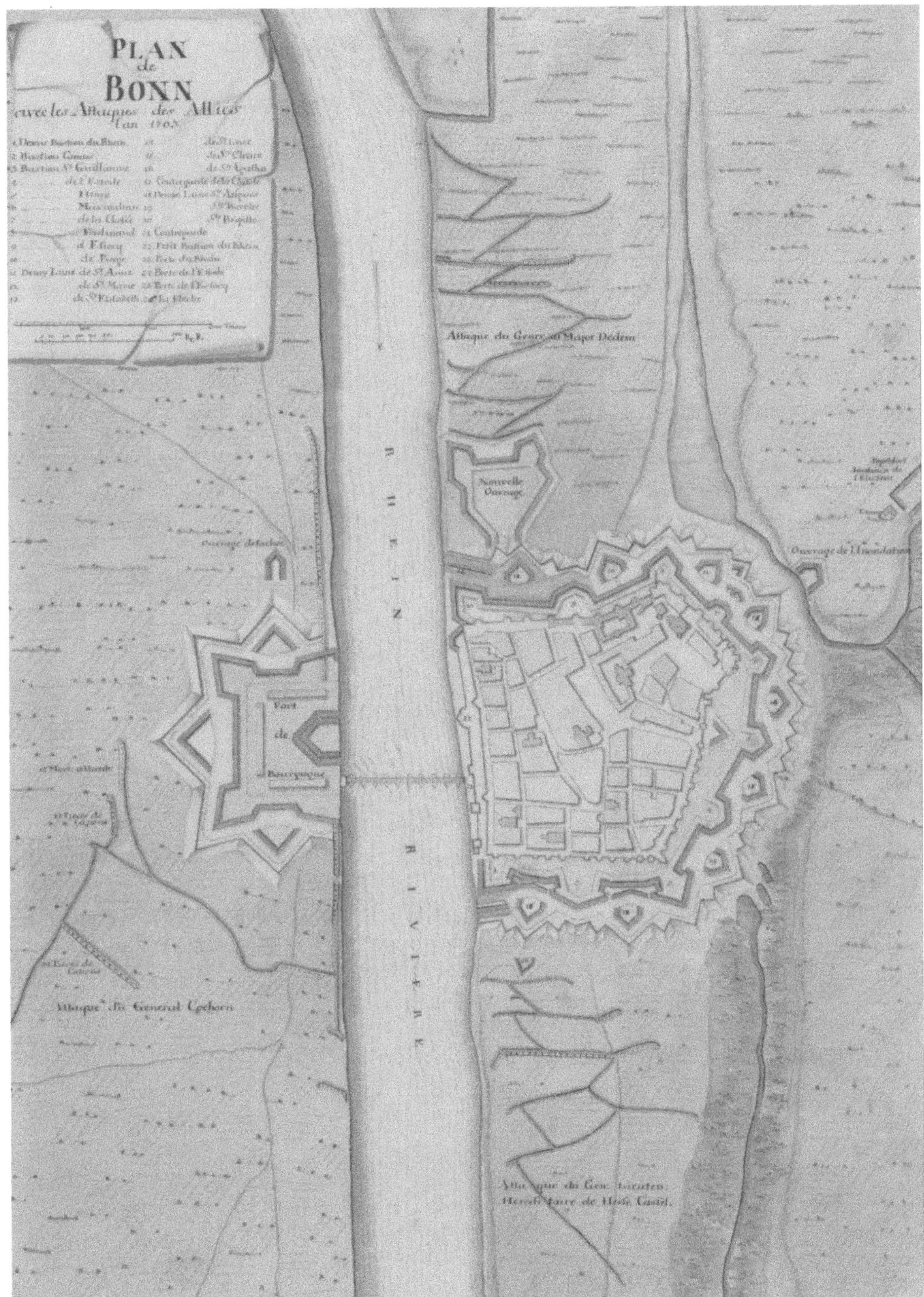

Abbildung 2: Plan de Bonn, 1703

Plan de Bonn avec les Attaques des Allies l'an 1703

(Photothek)

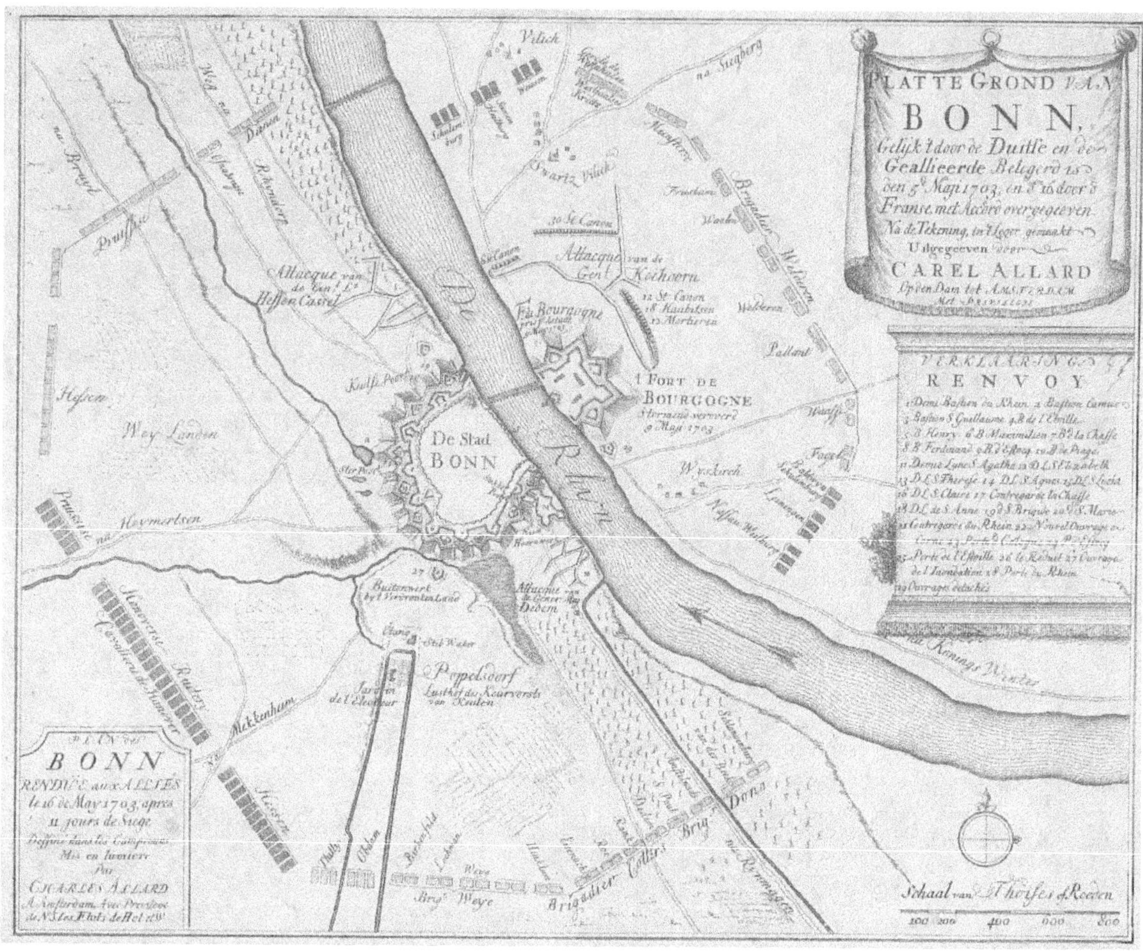

Abbildung 3: Plattegrond van Bonn 1703

Plattegrond van Bonn. Gelijk 't door en de Gealliieerde Belegerd is den 5. Maji 1703; en den 16 door d Franse met Accord overgegeeven. Nu de tekening, in 't Leger gemaakt. Udgegeeven door Carel Allard Op den Dam tot Amsterdam Met Privilege

(SLUB, Kartensammlung, Signatur/Inventar-Nr.: SLUB/KS A9176)

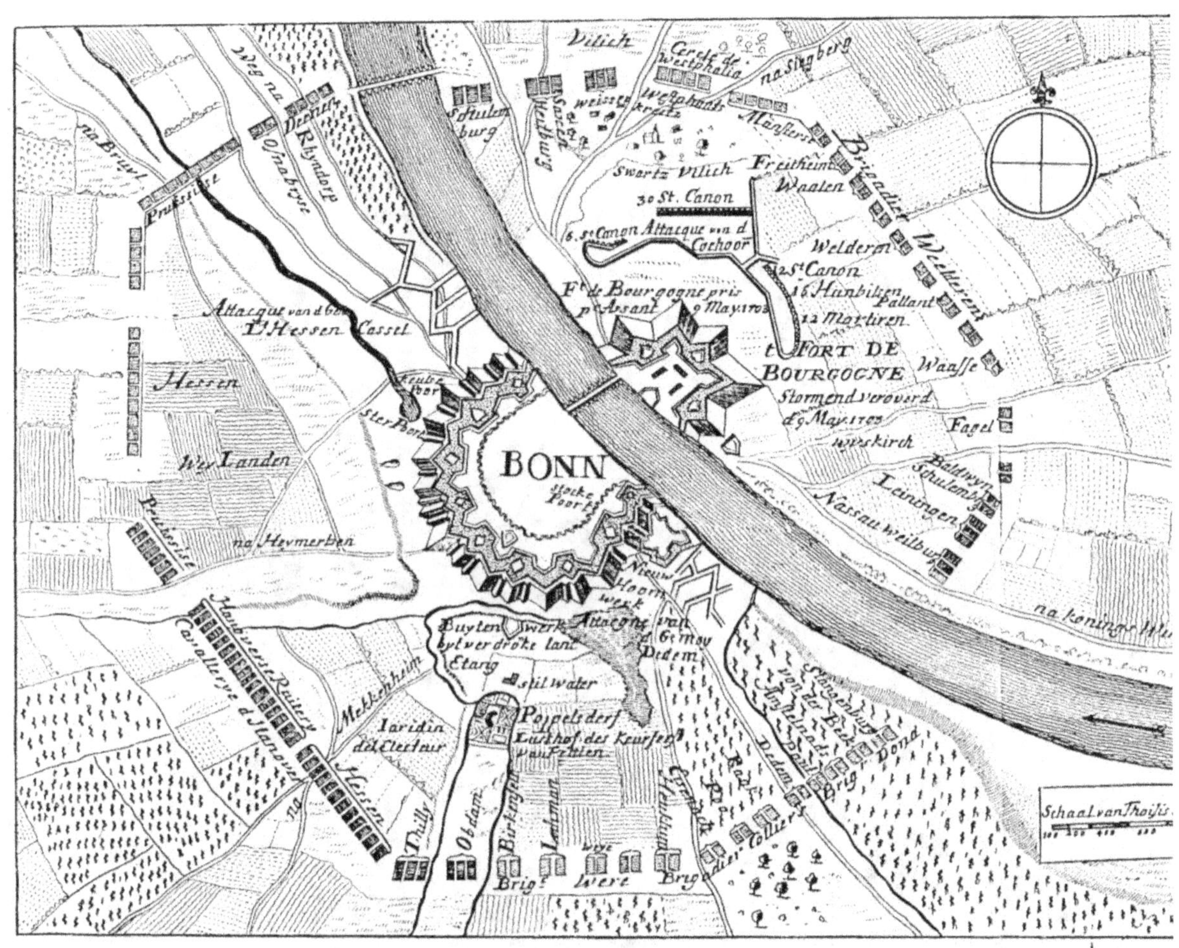

na Brueel
Weg na Bonn
na Rhyndorf
Pruisen
Onakvor
Attacque van d'Gen
L'Hessen Cassel
Hessen
W. Landen
na Heymerden
Vilich
Circk de Westphalia
na Sigberg
Schulenburg
Emgsttn
weiste
Wegphnah
kreitz
Manhern
Swartz Vilich
Freitheim
Waaten
30 St. Canon
6 St Canon Attacque von d'
Cochoor
F't de Bourgogne pris
p't Assant 9 May 1703
Welderen
25t Canon
16 Hanbitzen
Pallant
12 Mortiren
t FORT DE
BOURGOGNE
Waasse
Stormend veroverd
d 9 May 1703
Brigadier Welderen
Fagel
weskirch
Nassau weilbur
Baldwyn
Schulenb
Leiningen
na koning Win
BONN
Hocke
Poort
reub
ster Bon
Nieuw
Hoorn
werk
Buyten werk
byt verdroke land
Attacque van
Grimau
Didem
Etang
stil water
Handwerste Ruyter
Cavallerie d'Hanover
Mekerhim
Iaridin
del Electeur
Polpelsdorf
Lusthof des Keurfers
van Koln
von der Bad
Ingelandt
Didem Brig
Dond
Tilly
Obdam
Birkenfelt
Kielmansegge
Tollier
Brig
Were
Brig
Schaal van Thoijis

Abbildung 5: Johannes Herzog von Marleborough

(Histoire de Jean Churchill, Duc de Marlborough, 1808)

Abbildung 6: Herzog Christian August von Sachsen-Zeitz, Bischof von Raab, übergibt die kaiserlichen Mandata

(Imhof, 1710)

Abbildung 7: Coehorn, by Netscher

(Wikipedia)

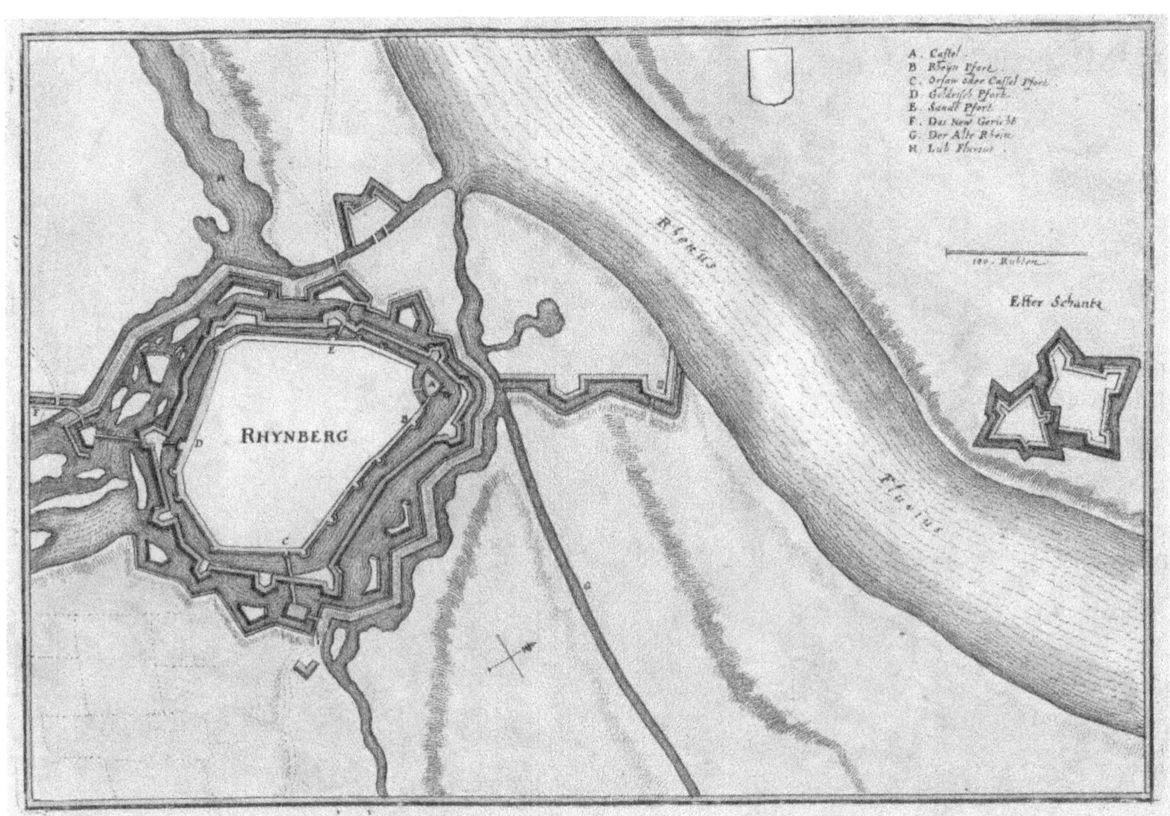

Abbildung 8: Rhynberg, by Merian 1654

(Merian)

Index